Frank Jacob
Freiheit wagen!

X-Texte zu Kultur und Gesellschaft

X-Texte zu Kultur und Gesellschaft

Das vermeintliche »Ende der Geschichte« hat sich längst vielmehr als ein
Ende der Gewissheiten entpuppt. Mehr denn je stellt sich nicht nur die Frage nach der jeweiligen »Generation X«. Jenseits solcher populären Figuren
ist auch die Wissenschaft gefordert, ihren Beitrag zu einer anspruchsvollen
Zeitdiagnose zu leisten.

Die Reihe X-TEXTE widmet sich dieser Aufgabe und bietet ein Forum für
ein Denken ›für und wider die Zeit‹. Die hier versammelten Essays dechiff-
rieren unsere Gegenwart jenseits vereinfachender Formeln und Orakel. Sie
verbinden sensible Beobachtungen mit scharfer Analyse und präsentieren
beides in einer angenehm lesbaren Form.

Frank Jacob

Freiheit wagen!

Ein Essay zur Revolution im 21. Jahrhundert

[transcript]

Erscheint in Open Access dank der finanziellen Unterstützung durch die Nord Universitet, Norwegen.

Bibliografische Information der Deutschen Nationalbibliothek
Die Deutsche Nationalbibliothek verzeichnet diese Publikation in der Deutschen Nationalbibliografie; detaillierte bibliografische Daten sind im Internet über http://dnb.d-nb.de abrufbar.

© 2021 transcript Verlag, Bielefeld

Umschlaggestaltung: Maria Arndt, Bielefeld
Druck: Majuskel Medienproduktion GmbH, Wetzlar
Print-ISBN 978-3-8376-5761-6
PDF-ISBN 978-3-8394-5761-0
https://doi.org/10.14361/9783839457610

Gedruckt auf alterungsbeständigem Papier mit chlorfrei gebleichtem Zellstoff.
Besuchen Sie uns im Internet: *https://www.transcript-verlag.de*
Unsere aktuelle Vorschau finden Sie unter *www.transcript-verlag.de/vorschau-download*

Inhalt

»Weshalb der Essay, der in England und Frankreich so glänzend vertreten ist, in Deutschland ganz fehlt? Ich glaube, das liegt daran, daß die Deutschen zu viel pedantische Gründlichkeit und zu wenig geistige Grazie besitzen und wenn sie was wissen, schon gleich eine schwere Dissertation mit einem Sack Zitate lieber als eine leichte Skizze machen.«

Rosa Luxemburg

1. Einleitung

Revolutionen sind Phänomene der Moderne und werden die Zukunft der Menschheit so lange bestimmen, wie es keine uneingeschränkte Freiheit des Individuums, des Geschlechts, der Gemeinschaft, ja der Gesellschaft – jenseits der von allen akzeptierten und selbstauferlegten Regeln – geben wird. Menschen werden sich immer gegen das wenden, was ihre persönlichen Freiheiten beschränkt, so dass der Hinweis Hannah Arendts, jede Revolution habe das Ziel, solche Freiheiten zu schaffen,[1] als immer noch gültig erachtet werden kann. Revolutionen können aber nur dann entstehen, wenn dieser Wunsch nach Freiheit von der Masse der Menschen erkannt, akzeptiert und geteilt wird, denn nur wo sich die Massen in Bewegung setzen, kann die »Lokomotive«[2] der Revolution auf das Gleis in Richtung Zukunft gesetzt werden. Oft gehen politische Revolutionen, die das Ziel verfolgen, die existierende (Macht-)Ordnung, das existierende politische System abzuschaffen, dabei allerdings mit dem Wunsch einer, auch die soziale Ordnung menschlichen Zusammenlebens zu verändern. Nur sofern letztere erreicht würde, kann nämlich davon ausgegangen werden, dass echte Freiheit des Einzelnen sowie der Gemeinschaft existiert.

Gerade deshalb können Revolutionen niemals wirklich friedlich ablaufen. Wer 1989 eine friedliche Revolution erkennen will,

---

1 Hannah Arendt: On Revolution, London 1990 [1963], S. 11.

2 Karl Marx/Friedrich Engels: Werke, Berlin 1956- (weiterhin MEW), Bd.7, S. 85, zitiert nach Manfred Kossok/Walter Markov: Zur Methodologie der vergleichenden Revolutionsgeschichte der Neuzeit, in: Manfred Kossok (Hg.): Studien zur Vergleichenden Revolutionsgeschichte 1500-1917, Berlin 1974, S. 1-28, hier S. 10.

der verkennt, dass die echte, die Revolution der ostdeutschen Bür-
ger*innen in dem Moment verraten worden ist, in dem sie das alte
SED-Regime gestürzt hatte und im Begriff war, eine andere, eine
freiere DDR zu schaffen. Stattdessen wurde der noch unsichere
Nachfolger des Regimes der BRD angegliedert, das aber, obwohl
die beiden Staaten in vielerlei Hinsicht dichotom waren und eine
Verschmelzung der beiden ohne Probleme gar nicht möglich gewesen ist. Der deutsche Revolutionshistoriker Manfred Kossok, selbst
ein Ostdeutscher, bemerkte dahingehend, wie mit Blick auf andere
Revolutionen, dass »keine Revolution, [...] eine schöne Revolution«[3]
bleibe. Jede Revolution schafft Gewinner und Verlierer, und diese
müssen deshalb schon zwangsläufig als am Wandel interessierte
Revolutionär*innen und am Erhalt der alten Ordnung interessierte
Konterrevolutionäre gegeneinander antreten, um die Entscheidung
über die Zukunft, und das oft gewaltsam, herbeizuführen.

Es ist das Ringen um das, was nach der abgewehrten Revolution bleibt, oder das, was sich im Falle ihres Erfolges ändert, worum
beide Revolutionsparteien kämpfen. Ob diese nun den Kapitalismus verteidigen oder den Sozialismus fordern, soll hier keine Rolle
spielen, denn es geht vielmehr darum, einen generischen Verlauf
revolutionärer Prozesse nachzuzeichnen. Es soll ein analytisches
Modell vorgestellt werden, welches zum einen dazu dienen kann,
Revolutionen in ihrer Eigenschaft als globale Phänomene zu verstehen und diese zum anderen besser vergleichen zu können, ohne
ihre im jeweiligen regionalen oder nationalen Kontext bestehenden
Eigenheiten zu negieren. Dabei werden bisherige Versuche, ana-
lytische Vergleichsmodelle revolutionärer Prozesse anzuwenden,[4]
berücksichtigt, allerdings wird im vorliegenden Essay, der Form

---

3 Manfred Kossok: Requiem auf die schöne Revolution, in: Manfred Kossok,
Sozialismus an der Peripherie. Späte Schriften, hg. v. Jörn Schütrumpf, Berlin
2016, S. 23-28, hier S. 25.

4 John Foran: Introduction, in: ders. (Hg.): Theorizing Revolutions, London/New
York 1997, S. 1-7; Jack A. Goldstone (Hg.): Revolutions. Theoretical, Comparative, and Historical Studies, San Diego 1986; Theda Skocpol:States and Social
Revolutions. A Comparative Analysis of France, Russia, and China, Cambridge
1979.

geschuldet, nicht explizit auf dieselben verwiesen.[5] Es ist vielmehr daran gelegen, ein Modell vorzustellen, dass die Probleme jeglicher revolutionärer Prozesse, unabhängig von deren politischer Ausrichtung, benennt und in Zusammenhang mit den einzelnen Phasen der ablaufenden Revolution erklärt.

Die Favorisierung eines zehnstufigen analytischen Modells gegenüber der ebenfalls existierenden Skripttheorie[6] beruht dabei auf der Annahme, dass letztere zwar auf der durchaus überzeugenden Vermutung beruht, dass Revolutionär*innen oft im Bewusstsein vergangener Revolutionen agieren oder das zumindest wollen, also gewissermaßen darauf bedacht sind, einem revolutionären Skript zu folgen, das sie allerdings nur insoweit verwirklichen können, als dieses von den revolutionären Massen mitgetragen bzw. vorangetrieben wird. Tatsächlich kann eine Revolution nur dann erfolgreich sein, wenn der erzielte Wandel von einem Gros der Bevölkerung akzeptiert und als ausreichend erachtet wird und diese Majorität zugleich in der Lage ist, die erzielten Veränderungen gegen eine radikale Minorität, die die Revolution vorantreiben möchte verteidigen kann, ohne dazu jedoch den Schulterschluss mit den vorherigen Eliten zu suchen und damit die revolutionären Ambitionen gänzlich hintanzustellen. Ein Skript kann also nur so lange überhaupt existieren, als revolutionäre Massen und selbsternannte Revolutionär*innen die gleichen Ziele verfolgen. Sofern die Kongruenz der beiden Revolutionsparteien nicht mehr gegeben sind, so kann die Radikalisierung revolutionärer Ziele nur dann fortgesetzt werden, wenn die Massen eben dazu bereit sind – was sie in der Regel eben nicht sind.

Das revolutionäre Phasenmodell, das hier im Folgenden detailliert vorgestellt wird, dient dazu, Revolutionen besser zu verstehen und die Rolle der Menschen, die sie vorantreiben, die sie behindern, die sie erfolgreich machen oder zum Scheitern verurteilen, besser

---

5 Vgl. dazu ausführlich: Frank Jacob: Revolution und Weltgeschichte, in: Frank Jacob/Riccardo Altieri (Hg.): Revolution. Beiträge zu einem historischen Phänomen der globalen Moderne, Berlin 2019, S. 11-40.

6 Keith Michael Baker/Dan Edelstein: Introduction, in: dies. (Hg.): Scripting Revolution. A Historical Approach to the Comparative Study of Revolutions, Stanford, CA 2015), S. 1-22.

einordnen zu können. Gleichzeitig soll das Modell all jenen – egal ob in Hong Kong, den USA oder denen, die eine Veränderung im Namen des Klimas fordern –, die die Revolution im 21. Jahrhundert erwarten oder vielleicht sogar herbeisehnen, dabei helfen, ihren ganz eigenen revolutionären Prozess schon während seiner Entstehung besser zu verstehen und historisch einordnen zu können, möglicherweise sogar vor Fehlern zu bewahren, wie sie so viele Menschen in den Revolutionen der Vergangenheit nicht verhindern konnten.

Tatsächlich sind die meisten Revolutionen der Vergangenheit gescheitert. Doch nicht etwa, weil Menschen nicht an dieselben und die durch sie zu erzielenden Veränderungen geglaubt hätten, sondern weil die revolutionäre Erhebung der Massen nicht lange genug angehalten hat. Die einsetzende Revolutionsmüdigkeit sorgte schließlich dafür, dass – oft radikale – Minderheiten revolutionäre Prozesse korrumpierten und am Ende derselben ein Regime etablierten, sei es im Namen einer Partei, einer Ideologie oder eines Einzelnen, das in seiner Grausamkeit viel schlimmer sein konnte, als die ursprüngliche politische Ordnung, die die Revolution eigentlich beseitigen sollte.[7] Viele Revolutionär*innen fanden sich deshalb schließlich in einer post-revolutionären Ordnung wieder, in der ihre eigenen revolutionären Ideale längst nicht mehr existierten.[8] Diese Erfahrung und die Berichte aus post-revolutionären Gesellschaften im Zuge des 20. Jahrhunderts haben zugleich dafür gesorgt, dass die Revolution per se an Strahlkraft verloren hat, dass sie als prädeterminierter Weg in die Diktatur betrachtet wird und die Menschen den Glauben, den Wandel aus eigener Kraft durch die Überwindung bestehender Systeme zu erreichen, seien diese der Form und dem Namen nach nun kapitalistisch, neoliberal, sozialistisch oder kommunistisch, verloren haben.

Dabei ist die Revolution, um den Begriff noch einmal eingehender zu definieren, doch der Versuch einer gesellschaftlichen Mehrheit, in der Regel von einer Krise ausgelöst, ihre eigene politische und soziale Ordnung in einer zeitlichen Dichte, d.h. schneller als mit

---

7 Frank Jacob: 1917. Die korrumpierte Revolution, Marburg 2020.

8 Frank Jacob: Emma Goldman and the Russian Revolution. From Admiration to Frustration, Berlin/Boston 2020.

den Mitteln der Reform möglich, gegen den Wunsch einer dominierenden Minderheit – Adel, Diktatur, Oligarchie, Plutokratie etc. – neu zu gestalten, bestehende Missstände zu überwinden und Begrenzungen der verschiedenen individuellen Freiheiten zu beenden. Das ist nur möglich, wenn mit der Überwindung der alten Ordnung auch die alten Eliten ihre einflussreiche Position verlieren, weshalb diese sich, als konterrevolutionäre Kräfte, gegen diesen revolutionären Prozess stemmen müssen. Die entstehende Dynamik, d.h. der Kampf zwischen diesen beiden Revolutionsparteien, erlaubt es oft einer radikalen Minderheit zur Verteidigung der Revolution und ihrer Ideale gegen die Konterrevolution aufzurufen, wobei sie die gewonnenen Kompetenzen und Machtmittel oft dazu einsetzen, die konterrevolutionäre Partei im Zuge eines Bürgerkrieges zu besiegen, im Zuge desselben aber gleichfalls darangehen, die Massen in ein neues politisches und soziales System zu zwingen, das kaum noch den ursprünglichen Zielen entspricht. Die Revolution scheitert folglich an dem Versuch, eine neue politische und soziale Ordnung zu etablieren, denn oft wird eine ideologische Semiotik nur dazu genutzt, im Namen der bereits längst nicht mehr existierenden revolutionären Ideale in der post-revolutionären Phase zu herrschen.

Wie aus den Idealen der revolutionären Massen die Herrschaft der post-revolutionären Ordnung, d.h. das Regime einer wie auch immer gearteten Minderheit entsteht, wird im Folgenden anhand eines zehnstufigen Analysemodells theoretisch erläutert, bevor den Revolutionswilligen des 21. Jahrhunderts nahegelegt werden wird, warum deren Zeit eines Wiedererstarkens der revolutionären Wünsche der Massen bedarf und was es zu tun gilt, um den Erfolg einer Revolution zu sichern. Dabei kann hier kein allgemeingültiges »revolutionäres Rezept«, also ein Skript, geliefert werden, aber immerhin eine Art intellektuelle Reflexion darüber, welche Faktoren es innerhalb eines revolutionären Prozesses zu berücksichtigen gilt. Wenn sich Menschen, d.h. vor allem die Massen der Revolution, der Gefahren derselben bewusst sind, kann ein Wandel nicht verhindert werden, der doch im 21. Jahrhundert schon beinahe unausweichlich scheint, da das alte System an vielen Stellen bröckelt, ja weiter erodieren muss, um ein Überleben der Menschheit in ihrer Gesamtheit dauerhaft zu sichern.

2. Das analytische Modell
Die zehn Phasen

Im Folgenden wird ein analytisches Modell zum Ablauf von Revolutionen in zehn Phasen vorgestellt. Dahingehend gilt es zu bemerken, dass diese je nach spezifischem Revolutionsprozess in ihrer Länge variieren, teilweise sogar überlappen können, doch dazu wird eine genauere Diskussion für die jeweiligen Phasen folgen. Es wird hier argumentiert, dass Revolutionen sich entlang dieser zehn Phasen entwickeln können, aber nicht immer und nicht zwangsläufig alle von ihnen durchlaufen müssen. Im Einzelnen handelt es sich um die folgenden zehn Phasen:

1. Die Missachtung von Rechten der Bevölkerung (ökonomisch, politisch, sozial)
2. Widerspruch einer kritischen Masse
3. Protest
4. Reaktion der Regierenden
5. Umkehrgrenzpunkt (Point of No Return) der Revolution
6. Konflikt zwischen Regierenden und Revolutionär*innen
7. Erfolg der Revolution, sofern Mehrheit die Veränderungen akzeptiert und diese gegen Widerstand (auch militärisch) gesichert werden können
8. Interner Machtkampf
9. Einsatz von Gewalt gegen interne Gegner (Terror)
10. Etablierung eines neuen Regimes (Militärdiktatur, Parteidiktatur etc.).

Diese werden nun im Einzelnen abgehandelt und näher definiert.
Sicherlich, und das soll hier gar nicht in Abrede gestellt werden,
kann dieses vereinfachende Modell nicht den Verlauf aller Revolutionsprozesse abdecken, da es immer wieder zu gewissen Abweichungen kommen kann, die auf den jeweiligen Gegebenheiten des
spezifischen Kontextes der revolutionären Prozesse, die durchaus
einige Jahrzehnte in Anspruch nehmen, beruhen können, allerdings ist es auch nicht das Ziel, alle Revolutionen zu vereinfachen,
um sie an das Modell anzupassen. Vielmehr erlaubt das Modell
doch gerade, Unterschiede besser zu erkennen, zu definieren und
im Zuge dessen danach zu fragen, warum diese auftreten. Es handelt sich demzufolge beim vorliegenden Modell nicht um einen all-
umfassenden Erklärungsversuch revolutionärer Prozesse, sondern
vielmehr um ein analytisches Werkzeug bei der vergleichenden
Studie von Revolutionen.

1. Die Missachtung von Rechten der Bevölkerung (ökonomisch, politisch, sozial)

Revolutionen beginnen in der Regel lange bevor es zu echten Auseinandersetzungen zwischen den Massen und der jeweiligen Regierung – egal welche Regierungsform, also Monarchie, Aristokratie,
Oligarchie etc. existieren mag – kommt. Die beginnen dann, wenn
ein Gros der Menschen, das im jeweiligen Kontext in diesem System lebt, die eigenen Rechte missachtet sieht bzw. dann, wenn das
bisherige Leben in eben diesem nicht mehr fortsetzbar erscheint.
Ausgelöst wird ein derartiges Gefühl oder vielmehr die Entscheidung vieler Einzelner, die gegebenen Zustände nicht länger hinzu-
nehmen und zu akzeptieren, durch Krisen.
　Letztere können etwa durch wirtschaftliche Rezession, besonders
ders aber durch Kriege ausgelöst werden, was die Verzahnung von
Erstem Weltkrieg und mehreren Revolutionen auf den Territorien
der teilnehmenden Staaten – also etwa Deutschland, Österreich-
Ungarn und Russland – am Ende desselben anschaulich verdeut-
licht. Dabei werden durch und während dieser Krisen bestehende
Missstände, die in wirtschaftlich stabileren oder friedlicheren

Zeiten gar nicht so drückend erschienen, betont, ja sogar intensiviert, so dass sich der Druck auf die Massen, die in der Regel als nicht genuin revolutionär zu betrachten sind, erhöht. So kommt es, dass Forderungen für die Verbesserung der eigenen Lebenssituation oft politisch aufgeladen werden, wenn die Ursachen der misslichen Lage vieler mit den politischen Gegebenheiten im jeweiligen Kontext verbunden werden. Proteste richten sich dann nicht mehr nur gegen die bestehenden Missstände, sondern gleichermaßen gegen diejenigen, die in den Augen der Bevölkerung für eben diese verantwortlich sind. Kurzum, wenn es der Mehrheit in einem bestehenden politischen System gut geht, wird eine Revolution unwahrscheinlicher als wenn das Gros der Menschen faktisch nichts zu verlieren hat.

Gleichzeitig muss hier jedoch darauf hingewiesen werden, dass es sich bei den missachteten Rechten der Bevölkerung nicht zwingend um solche handelt, die auch *de jure* existieren. Oftmals reicht es bereits aus, wenn gefühlte Rechte missachtet werden und die herrschenden Eliten der Majorität den Zugang zu etwas, im Falle von Krisen vor allem Ressourcen, verweigern. Das heißt beispielsweise auch, dass rechtlich gar kein Widerspruch zur bestehenden Ordnung vorhanden sein muss, damit ein solcher gefühlt wahrgenommen werden kann. Wenn eine kritische Masse, d.h. eine Majorität, zu dem Schluss gelangt, dass eine bestehende Ordnung als inakzeptabel zu erachten ist, da sie deren Rechte nicht ausreichend zu berücksichtigen oder zu achten scheint, dann muss die Missachtung von bestimmten politischen, ökonomischen oder sozialen Rechten nur *per affectum* als solche identifiziert werden.

Ein revolutionärer Prozess kann jedoch nur eingeleitet werden, wenn sich die Masse der Bevölkerung in Bewegung setzt und sich aktiv gegen die bestehenden Missstände wendet. Andernfalls kann gar nicht von einer revolutionären Bewegung ausgegangen werden, sondern es handelt sich vielmehr um eine Protestbewegung, die nicht dazu in der Lage ist, ihr Anliegen so zu vermitteln, dass eine breite Unterstützung durch die Massen erfolgt. Und gerade hierin liegt ein essentielles Problem derer, die eine Revolution zu planen gedenken. Revolutionen lassen sich nicht machen bzw. erzwingen, denn es ist ungewiss, ob eine Protestbewegung tatsächlich ihr revolutionäres Potential entfalten kann. Welche Themen schlussendlich dazu in der Lage sind, die Massen im Namen der Revolution zu vereinen, hängt vom jeweiligen Kontext ab. Vielmehr ist es allerdings so, dass verschiedene Interessengruppen mit unterschiedlichen Zukunftsentwürfen zusammenkommen und ihren Protest gegen denselben Verantwortlichen richten. Das bedeutet, dass die revolutionären Massen oft den gleichen Urheber für ihre Probleme identifiziert haben, sich in ihren Zielen allerdings durchaus unterscheiden können. Letzteres ist nicht tragisch, so lange der revolutionäre Prozess und die Auseinandersetzung mit der alten Herrschaft, etwa dem Ancien Régime, andauert. Erst wenn diese überwunden wurde, kommt es zur Zersplitterung der revolutionären Bewegung, die eben selten homogen ist, sondern nach der Überwindung der bestehenden Ordnung wieder in unterschiedliche Interessengruppen, die sich mitunter gegeneinander wenden können, zerfällt.

Es soll hier ebenfalls angemerkt werden, dass eine Missachtung, auch von bestehenden Rechten, alleine noch nicht zwangsläufig zu einer Revolution führen muss. Selbst *de jure* kann ein Regime seine Bevölkerung und deren Interessen übergehen, wenn die Tatsache als solches von einer Mehrheit akzeptiert wird. Besonders wenn sich die Maßnahmen nur gegen eine Minderheit, wie auch immer diese definiert sein mag, richten, ist die Chance gering, dass sich aufgrund solcher Eingriffe in das Leben weniger eine revolutionäre Bewegung etabliert. Deshalb konnten die Rechte der afro-amerikanischen Bevölkerung in den USA auch so lange missachtet werden, denn ein Gros der Amerikaner*innen identifizierte sich nicht mit derselben und ignorierte die gegen diese gerichteten Rechtsverletzungen. Das scheint sich momentan zu verändern, allerdings ist immer noch nicht ersichtlich, dass die Mehrheit der amerikanischen Bevölkerung an einer echten Veränderung des rassistisch-kapitalistischen Systems interessiert ist, das diesen doch Teilnahme und zumindest die Chance des Aufstiegs verspricht. Das bedeutet aber auch, dass die Proteste irgendwann an Schwung verlieren werden, ohne, dass sich etwas geändert hätte. Erst wenn die Unterschiede dieser Gesellschaft durch eine Bedrohung aller überdeckt und in einem gemeinsamen Wunsch nach Veränderung amalgamiert werden, dann kann es in dem Land, das sich historisch auf die schaffende und befreiende Kraft der Revolution beruft, erneut zu einer solchen kommen.

Dazu bedarf es, wie bereits angemerkt, einer echten Krise. Eine solche könnte nun durch COVID-19 und die globalen Folgen, vor allem für die Weltwirtschaft, geschaffen werden. Die Konsequenzen für den Arbeitsmarkt, die individuelle Kreditwürdigkeit, den internationalen Handel und damit auch die Wirtschaftsleistung ganzer Regionen sind in ihrer Gänze noch nicht abzuschätzen, es wird aber wohl global zu etlichen Krisensituationen kommen, die revolutionäre Prozesse in Gang bringen könnten. Das größte Potential, sich an einer Revolution zu beteiligen bzw. diese herbeizusehnen, haben Menschen immer dann, wenn es ihnen schlecht geht, und die momentane Entwicklung deutet darauf hin, dass es in den nächsten Jahren viele Betroffene geben wird. Wenn das Elend so groß werden sollte, dass die meisten von ihnen der Ansicht sein werden, dass es im bestehenden politischen wie sozialen Gesellschaftssystem für sie keine Hoffnung mehr gibt, dann wird die Situation für Machthaber und Eliten in einer solchen Situation schwierig, denn hoffnungslose Menschen neigen dazu, auf radikale Ideen empfänglicher zu wirken, zumal dann, wenn es nichts mehr zu verlieren gibt.

Dass Revolutionen auch im 21. Jahrhundert die Geschichte der Menschheit bestimmen werden, ist mehr als sicher, die Frage ist nur, wo und wann sie beginnen. Aus Sicht der globalen Entscheidungsträger ist es konsequenterweise wichtig, sich mit den Nöten und Ängsten der Menschen auseinanderzusetzen und zu versuchen, ein Abrutschen derselben in eine Notsituation zu verhindern. Wenn gerade Billionen von Euros und US-Dollars ausgegeben werden, um die kapitalistische Grundordnung des Westens zu stützen, dann nicht nur zur Rettung der nationalen Unternehmen, sondern auch zur Eindämmung revolutionären Potentials. Es gibt nichts, was eine Revolution derart befeuern kann wie die Aussichtslosigkeit und die Enttäuschung der Massen.

Diese brauchen schlussendlich nur den letzten Tropfen, der das Fass zum Überlaufen bringt, wobei das mitunter Ereignisse sein können, die vormals kaum bis gar kein Interesse innerhalb der Massen der Bevölkerung evozierten. Ein Ereignis kann dann schnell zum Symbol dessen werden, was so vielen Menschen an der eigenen Situation, an dem, was das bestehende System repräsentiert, missfällt. Und dann werden die eigentlichen Gründe für die Beteiligung am Protest zweitrangig, denn die Masse identifiziert sich durch eine ebensolche Symbolik, wenn sie das Ende der bestehenden Zustände und einen echten Neuanfang fordert.

Des Weiteren muss hier bemerkt werden, dass diejenigen, die die Missachtung ihrer Rechte erkennen und sich aufmachen, dieselbe zu beenden und eine bessere Zukunft erträumen, oft nicht daran interessiert sind, einen radikalen Wandel zu erreichen, sondern vielmehr danach streben, die aktuelle Situation zu verbessern. In vielen Fällen fordern diejenigen, die die bestehenden Zustände kritisieren, zu Beginn eines revolutionären Prozesses noch nicht das Systemende und dessen Ersetzung durch eine bessere Alternative. Initial sind es vielmehr Reformen und Zugeständnisse, die von Seiten der Regierenden erwartet werden. Kurzum: Revolutionen sind zu Beginn selten so radikal wie sie am Ende und aus der Retrospektive erscheinen mögen. Warum und wie sich dieselben radikalisieren wird im Weiteren zu zeigen sein, Fakt ist aber: Massen sind selten radikal.

Es ist doch eher der Fall, dass die Massen gerade in Krisenzeiten offen für radikalere Ideen sind, weil genau diese den schnellen und grundsätzlichen Wandel versprechen. Darin liegt aber auch eine Krux revolutionärer Prozesse, denn sobald eine Veränderung erreicht wird, die den Massen als ausreichend erscheint, verlangsamt sich die »Lokomotive« Revolution und die sogenannten Berufsrevolutionäre sehen sich dem Dilemma gegenüber, dass die Gesellschaft bisher noch nicht so weitreichend umgeformt worden ist, wie sie sich das erhofft hatten. Es bleibt folglich nur die Wahl zwischen der Akzeptanz des Erreichten oder der Entscheidung, den revolutionären Prozess, allerdings ohne die Unterstützung der Massen fortzuführen. Die Revolutionär*innen trennen sich demnach von denen, die sie zu repräsentieren beanspruchen, und zwingen schließlich die Massen, eine neue Gesellschaftsordnung anzuerkennen, die sich mit Blick auf die gewährten Freiheiten nur wenig von dem unterscheidet, was das »alte Regime« repräsentierte.

Gerade weil die Revolutionen der Vergangenheit sehr oft an dieser Korrumpierung gescheitert waren, wird es im 21. Jahrhundert schwierig sein, eine Massenbasis für einen aktiven, d.h. als solchen initiierten revolutionären Prozess zu gewinnen. Und oft wird es, wie mit Blick auf die historischen Fallbeispiele auch, kaum möglich sein, exakt zu bestimmen, wann und ob eine Revolution bereits begonnen hat. Diese Feststellung kann oft erst dann getroffen werden, wenn der Prozess bereits läuft. Darum ist es für die Vertreter der internationalen Diplomatie wichtig, sich der Folgen stets bewusst zu sein, die die Unterstützung von Protestbewegungen mitunter haben kann. Gleichzeitig muss das revolutionäre Potential der Massen als Chance begriffen werden, um diplomatischen Druck auf bestehende Regime oder Diktaturen auszuüben, wobei nicht nur Unrechtsregierungen, sondern ebenso die westlichen Zentren des globalen Kapitalismus von revolutionären Veränderungen betroffen sein können, sofern sie nicht dazu in der Lage sind, die Massen vor einer dauerhaften und einschneidenden Krise zu bewahren.

Wo und inwieweit Revolutionen also das 21. Jahrhundert bestimmen, wird vor allem davon abhängen, wie sich bestehende politische Systeme und Gesellschaftsordnungen mit denen arrangieren, die aus intellektuellen Glasperlenspielen der »Berufsrevolutionäre« eine Wirklichkeit entstehen lassen, die diesen Ideen in der realen Welt Rechnung tragen. Die Vertreter der revolutionären Intelligenz sind selbst selten in der Lage, den Beginn revolutionärer Prozesse vorherzusagen, werden vielmehr von diesen, oft im Exil, überrascht und müssen dann versuchen, ihren Einfluss auf die bereits in Bewegung geratenen revolutionären Massen zum Ausdruck zu bringen. Für diese Gruppe von Revolutionär*innen n gilt folglich ebenfalls: ohne Massen keine Revolution.

Das bedeutet für all jene, die auf eine Revolution im 21. Jahrhundert hoffen, um eine bessere Welt zu erschaffen, dass diese nur dann eine Chance hat, Wirklichkeit zu werden, wenn die revolutionären Ideen so weitreichend, jedoch gleichermaßen akzeptabel sind, dass sich eine Mehrheit der Menschen im Namen derselben motivieren lässt. Dahingehend bleibt zu hoffen, dass es sich dabei nicht erneut um politische Ideologien, sondern vielmehr um wichtige Grundrechte für alle handeln wird: Freiheit. Und das nicht nur im politischen Sinn, sondern ebenso mit Blick auf soziale Gerechtigkeit, etwa die Freiheit eines selbstbestimmten Lebens mit Zukunft, d.h. durch die Abwendung der drohenden Klimakatastrophe, religiöse Freiheit oder die Freiheit der Geschlechter, d.h. auch Anerkennung und Chancengleichheit für alle. Doch nur wenn die Absenz dieser Freiheiten als Missachtung menschlicher Grundrechte und eine Art von Krise erkannt wird und diese auch als fundamental wichtig eingestuft werden, dann werden sich Massen in Bewegung setzen, um ein höheres Ziel, echte Ideale zu erreichen und in der Zukunft umzusetzen. Selbst wenn dieses Bewusstsein erst durch Krisen hervorgerufen wird, so ist es doch wünschenswert, dass Menschen die Notwendigkeit zum Wandel des herrschenden globalen Systems erkennen und den Wunsch entwickeln, sich eine bessere, ja eine gerechtere Welt zu schaffen. Dazu bedarf es allerdings des Widerspruchs der kritischen Masse.

2. Widerspruch einer kritischen Masse

Ohne diesen Widerspruch kann zwar eine *de jure* oder lediglich *de facto* existierende Missachtung der Rechte der Bevölkerung identifiziert werden, diese würde aber nicht dazu ausreichen, den revolutionären Prozess in Gang zu setzen. So kann es sein, dass Diktaturen oder andere Unrechtsregime – wenn auch nicht völlig ohne die Anwendung von Gewalt gegen die politische Opposition oder andere Kritiker – über Jahrzehnte existieren. Als Beispiel könnte man hier auf die lange Regierungszeit von Muammar al-Gaddafi oder die seit 1949 in China herrschende Parteidiktatur verweisen. Solche Unrechtsregime basieren auf der Fügsamkeit der Massen, denen die Beschneidung ihrer eigenen politischen Freiheiten entweder nicht vollends gewahr wird oder die diese verlorenen Freiheiten nicht als Verlust empfinden. Ein Aspekt, der hier auch mit Blick auf den Verlauf der Revolution in Ägypten im Zuge des arabischen Frühlings genannt werden muss, ist die wirtschaftliche Stabilität, die vielen Menschen mehr wert zu sein scheint als die volle Inanspruchnahme ihrer individuellen Freiheiten, vor allem wenn letztere politischer Natur sind.

Sicherlich ist den Menschen bewusst, dass sie in einer Diktatur leben, sich gegen diese zu erheben ist allerdings ein unsicheres

Unterfangen, so dass oftmals das kleinere Übel gewählt wird, so lange die Unfreiheit nicht in der Bedrohung der eigenen Existenz oder der der Familie endet. Viel Protestpotential wird somit gar nicht erst zum Ausdruck gebracht, führt aber gleichermaßen zu einer Art Anstauung desselben, das in einer Krisensituation umso heftiger zum Ausbruch gelangen kann. Wenn in einer Krise Dinge beanstandet werden, die in erster Linie ökonomischen Ursprungs sind, wird es oft schnell offensichtlich, dass sich solche Proteste mit politischen Forderungen, die vielleicht bisher von einem Gros der Bevölkerung unterdrückt und nicht geäußert wurden, vermengen.

Doch auch hier gilt, dass der Widerspruch ein allgemeiner sein muss, d.h. dass eine kritische Masse, die im Zuge der folgenden Proteste zu einer Majorität werden sollte, notwendig ist, damit aus einer Missachtung bestehender oder gefühlter Rechte tatsächlich eine Protestbewegung entstehen kann. Wenn sich ein Regime im Gegensatz dazu sicher sein kann, dass der Widerspruch gegen bestehendes Unrecht nur von einer kleinen Minderheit ausgeht, so ist es möglich, umso härter und gewalttätiger gegen eben diese vorzugehen, denn um es hier einmal trivial zu formulieren: Der Revolution fehlt die Lobby. Solange die Mehrheit der Bevölkerung kein echtes Interesse an einem Wandel zeigt, kann sich ein Unrechtsregime sicher fühlen und wird, schon um ein Umsichgreifen gefährlicher Ideen zu vermeiden, den Widerspruch einer Minderheit im Keim ersticken. Das Tian'anmen-Massaker Anfang Juni 1989 in Peking, bei dem das chinesische Militär die Proteste, die von Student*innen ausgingen und Reformen verlangten, blutig niederschlug, sei hier nur ein Beispiel. Zu gering war die landesweite Empörung, zu stark erschien die Macht des Regimes und die Massen erhoben sich nicht, um die Herrschaft der Kommunistischen Partei Chinas zu beenden. Ähnliches droht auch den Menschen in Hong Kong. Zwar gibt es mittlerweile internationale Proteste gegen das neue »Sicherheitsgesetz«, eine echte Lobby für Hong Kong existiert außerhalb der Stadt allerdings kaum. Und so wird China sich vermutlich nicht zurückhalten lassen die momentane Phase amerikanischer Schwäche und internationaler Gleichgültigkeit, in der die Bekämpfung von COVID-19 und nicht die Sicherung politischer Freiheiten in Asien an erster Stelle steht, zu nutzen, um seinen Einfluss weiter auszubauen. In China selbst dürften Proteste für die Freiheiten der Menschen in Hong Kong zudem gering ausfallen, so dass Xi Jinping auch weiterhin sicher sein kann, dass selbst die gewaltsame Vereinnahmung der Stadt und deren »politische Sinisierung« ungehemmt fortgesetzt werden können.

Die Unterstützung des Auslandes kann an diesem Punkt jedoch bereits dazu dienen, gewaltsame Ausschreitungen zu unterbinden und Regime dazu zu zwingen, Reformen auf den Weg zu bringen. Allerdings kann eine solche Intervention nur dann stattfinden, wenn die Proteste außerhalb des Landes oder der Region auch wahrgenommen und von der internationalen Politik als wichtig betrachtet werden. Ist dem nicht so, stehen diejenigen, die eine Veränderung wünschen, oft auf verlorenem Posten, sofern sie nicht dazu in der Lage sind, die Massen von der Notwendigkeit eines Wandels zu überzeugen. Ein weiteres Beispiel aus den USA kann das verdeutlichen.

Zwischen August und Dezember 2016 wurden in North Dakota mehrere Hundert Menschen festgenommen, die sich an den Protesten gegen den Bau der Dakota Access Pipeline, welche unter anderem durch ein Reservat der Sioux führen sollte, beteiligten. Im Zuge der Proteste bildeten sich mehrere Camps verschiedener Native Americans (»Indianer«), die an den Aktionen gegen die Zerstörung der Umwelt teilnahmen, wobei sie durchaus von verschiedenen Naturschutz- und anderen zivilgesellschaftlich aktiven Organisationen unterstützt wurden. Letztlich konnte ein Baustopp erreicht werden, der jedoch von Donald Trumps Regierung wieder aufgehoben wurde. Zu gering war die Unterstützung dieses lokalen Protestes, zu wenig einflussreich die Lobby der Native Americans. Die Menschen, die letztere unterstützt haben, repräsentierten nicht die Masse der Amerikaner, sondern vielmehr diejenigen, die im Bau der Pipeline eine Verletzung bestehender Rechte und den Schaden für die Umwelt erkannten und darauf aufmerksam machen wollten. Eine kritische Masse, die politischen Wandel hätte einleiten, ja eine revolutionäre Bewegung beginnen können, war es allerdings nicht. Erneut wurde gezeigt, dass sich das System eines ausbeutenden Kapitalismus, der sich gegen Mensch und Natur richtet, um noch mehr Kapitel zu akkumulieren – etwas das unter anderem schon Rosa Luxemburg vor über 100 Jahren kritisiert hatte[1] – dabei keinerlei Rücksicht auf die Zukunft der Native Americans oder des Klimas nehmen konnte bzw. wollte.

Das Wissen darüber, dass etwas falsch, ungerecht oder sogar kriminell ist, wird allein folglich kaum dazu beitragen, dass sich die Welt verändert, denn sonst lebten wir bereits in einer anderen, möglicherweise besseren. Es wird auch nichts ändern, über die globalen Missstände zu diskutieren, um wirklich eine Veränderung zu initiieren. Doch gerade die Ignoranz gegenüber bestehenden Problemen lässt die Revolution *eo ipso* wie eine Naturgewalt wirken, die das aufgestaute Konfliktpotential ganzer Gesellschaften wie bei einem Vulkanausbruch offen zutage treten lässt, und schließlich gewaltsam die Strukturen zerstört, die durch verpasste Reformen nicht organisch und ohne gewaltsame Konflikte verändert werden konnten. Die Massen, welche, wie oben bereits ausgeführt wurde, zur Aktivierung bzw. Einleitung eines revolutionären Prozesses unverzichtbar sind, verfügen jedoch in aller Regel über eine hohe Toleranzgrenze, d.h. bevor sich das Gros der Bevölkerung dem Risiko verschreibt, das mit aktiven Protesten immer auch einhergeht, ist die Korruption und Gewaltanwendung bestehender Regime meist schon so weit fortgeschritten, dass Reformen nur noch aufgrund des Drucks von Seiten der Straße erreichbar scheinen.

Es ist dann die Wahrnehmung, dass der Protest tatsächlich erfolgreich sein könnte, der die Massen in Bewegung setzt. Das kann zum einen dadurch hervorgerufen werden, dass die Stimmen von Oppositionellen lauter werden und dadurch besser gehört werden, es kann allerdings ebenso daran liegen, dass die Agonie des Regimes erkannt wurde und getreu dem Motto »Jetzt oder nie« die Massen ihre Chance ergreifen. Das über Jahre angestaute revolutionäre Potential bahnt sich also endlich seinen Weg. Ebenso ist es möglich, dass die Menschen schlussendlich nichts mehr zu verlieren haben, gerade wenn sich die Lebensumstände im Zuge einer Krise radikal verschlechtern, sodass es dazu führt, dass immer mehr ihren Unmut über diese Situation mit der Kritik an den

---

[1] Rosa Luxemburg: Die Akkumulation des Kapitals: Ein Beitrag zur ökonomischen Erklärung des Imperialismus, Berlin 1913.

bestehenden politischen Gegebenheiten vermengen und eine Veränderung fordern, die sich gegen die vermeintlichen Verursacher
der bedrückenden Lage richten. Menschen ohne Alternative, gerade wenn sich irgendwann der Hunger zur politischen Rechtlosig-
keit gesellt, bilden alsbald eine revolutionäre Lawine, die alles mit
sich hinwegreißen kann, was bis dato als noch durchaus akzeptabel
anerkannt worden war.

Gerade weil es diese verschiedenen Szenarien bzw. Gemenge-
lagen gibt, ist es sehr schwer, Revolutionen vorherzusagen. Gleichzeitig ist es so, dass nicht jeder Protest auch zu einer Revolution
werden muss, dass nicht jeder Unmut über ein System in einer offenen Kritik desselben enden muss. Sicher ist jedoch, dass revolutionäre Prozesse nur dann wirklich in Gang kommen, wenn die Bevölkerung en masse bereit ist, sich an Protesten zu beteiligen. Viele
Erhebungsversuche der Vergangenheit scheiterten mitunter daran,
dass die Protestierenden nicht dazu in der Lage waren, die Massen
hinter sich zu bringen, sie im Ringen um eine bessere Zukunft zu
motivieren und ihr politisches sowie revolutionäres Potential vollends auf die Straßen und Plätze zu bringen, wo sie ihrem Wunsch
nach Veränderung lautstark Ausdruck verleihen könnten.

Gerade Letzteres erscheint dabei heute zumindest im Ansatz –
Revolutionen bei schlechtem Wetter sind schwierig – wesentlich
einfacher als in früheren Zeiten, denn die Mitteilung und der Austausch darüber, dass ein existierendes System marode ist, wird
durch den Einsatz moderner Kommunikationsmedien und sozialer
Plattformen, die auch bei der Organisation der folgenden Proteste
eine Rolle spielen, verhältnismäßig unkompliziert gestaltet. Zudem erlauben es Plattformen wie Facebook, Twitter oder YouTube
ebenfalls, Informationen, wie etwa Videos, in Echtzeit zu teilen,
wodurch ein größerer Teil der Bevölkerung die Möglichkeit hat sich
mit den Geschehnissen auseinanderzusetzen. Trotzdem bleibt das
Problem, zumindest aus Sicht der Revolutionär*innen, dass der
Erfolg solcher Nachrichten und Inhalte immer von der Motivation
und dem Willen, etwas aktiv zu verändern, abhängt, denn, wie
bereits deutlich gemacht, zeigen sich die Massen vor allem dann,
wenn sie sich in ihren elementaren Freiheiten bedroht sehen, d.h.

wenn sie ihr Leben und die bequeme Fortsetzung desselben als in Gefahr betrachten.

Das wiederum bedeutet gleichfalls, dass Regime permanente Gewalt gegen die eigene Bevölkerung einsetzen müssen, um mögliche Proteste einzudämmen. Irgendwann werden sie nicht mehr dazu in der Lage sein, das revolutionäre Potential der Massen zu beschränken, denn wer nichts zu verlieren hat, der wird sich eher an Demonstrationen beteiligen, selbst wenn diese stets mit verschiedenen Gefahren – Verhaftung, Verletzung, Tod – verbunden sind. Proteste allein entscheiden allerdings ebenfalls noch nicht darüber, ob aus Widerstand gegen ein bestehendes System, meist zu Beginn nur in Teilen, eine Revolution wird, die das Ende desselben verlangt, da es für viele Menschen zum Sinnbild alles Schlechten geworden ist. Es sind die Aktionen auf den Straßen, die Auseinandersetzung um die Zukunft, die darüber bestimmen, ob eine Revolution tatsächlich ihr volles Potential entfaltet oder ob es bei Demonstrationen bleibt, die vielleicht aufgrund eines Kompromisses gelöst werden können. Fakt ist allerdings: Ohne den offenen Protest bleibt alles wie es ist, eine Tatsache, der sich auch die oft zu Beginn trägen Massen irgendwann bewusst werden müssen.

3. Protest

Hat sich erst einmal ein breiter Widerspruch abgezeichnet, dann wird dieser schließlich durch eine ebenso breite Protestbewegung offen zum Ausdruck gebracht. Natürlich sind diese Aktionen nicht homogen, sondern bestehen aus verschiedenen Interessengruppen, die sich aus durchaus unterschiedlichen Gründen an den Demonstrationen beteiligen. Während einige dezidiert aufgrund politischer Forderungen teilnehmen, begeben sich andere auf die Straße, um gegen soziale Missstände zu protestieren, wieder andere, weil sie einfach konkrete Sorgen haben, mit denen sie sich alleingelassen fühlen. Kurzum, die unterschiedlichen Gruppen werden dadurch vereint, dass sie in der jeweiligen Regierung den Ursprung ihrer Probleme identifiziert haben. Um diese zu Reformen und echten Veränderungen zu bewegen, beteiligen sich Menschen folglich an

den nun tatsächlich stattfindenden Protesten, die sich der Missachtung von Rechten entgegenstellen.

Dabei ist es wichtig zu beachten, dass auch hier noch die Möglichkeit besteht, eine Eruption von Gewalt und einer Radikalisierung des revolutionären Prozesses zu verhindern, denn, zu Beginn
solcher Demonstrationen fordern die jeweiligen Interessengruppen in ihrer Mehrheit keine radikale Veränderung des bestehenden
Systems, sondern vielmehr Reformen, die bestehende Missstände
adressieren. Das bedeutet, sofern eine Radikalisierung der Proteste und damit einhergehend der entsprechenden Forderungen der
Demonstrant*innen vermieden werden kann, dass die jeweilige
Regierung die Möglichkeit besitzt, ihre führende Position, wenn
diese auch nicht mehr uneingeschränkt und mit Blick auf die vor-
handene Macht etwas abgeschwächt sein dürfte, zu behalten. Ob
und inwieweit sich aus den Protesten eine tatsächliche Revolution
entwickelt, hängt demnach vor allem von der Reaktion der führenden politischen Kräfte ab, etwas, das in Phase 4 noch eingehender
beschrieben wird.

Der Protest ist hingegen lediglich ein erster Schritt, in dem diejenigen, die mit gewissen Aspekten ihrer jeweiligen Situation un-
zufrieden sind, ihren Unmut tatsächlich artikulieren und zum Ausdruck bringen. Dabei können die ersten Demonstrationen spontan
und als eine Antwort auf ein konkretes Ereignis – eine Art Trigger –
formiert werden, denen sich dann aber aufgrund der bestehenden
Missstände andere Protestwillige anschließen. Oftmals ist das ge-
nannte Ereignis dabei einfach ein solches, dass das Fass der Unzufriedenheit zum Überlaufen bringt. Die Menschen projizieren ihre
gesamte Wut und die angestauten negativen Gefühle auf dieses oft
emblematisch empfundene Geschehen und überwinden schließlich
die Hemmung – möglicherweise auf Furcht basierend—, sich aktiv
an Protesten zu beteiligen. Was ursprünglich als spontaner Widerstand als Antwort auf die Missachtung von Rechten begann, wird so
schnell zu einem Massenprotest, dem sich immer mehr Menschen,
wenn auch nicht immer aus den gleichen Gründen, anschließen.

Aus einem konkreten Anlass heraus, etwa der Aussperrung von
Arbeitern und damit verbunden die Schädigung ihrer wirtschaft-
lichen Lebensgrundlage in Russland im Februar 1917, die Selbstver-

brennung Mohamed Bouazizis, eines jungen Mannes in Tunesien im Dezember 2010 als Protest gegen eine korrupte Regierung, oder aber die gewaltsame Ermordung eines Menschen, wie etwa George Floyds durch die Polizei von Minneapolis im Mai 2020, kann sich Widerstand formen, der zum Ausdruck dafür wird, dass die Mehrheit der Bevölkerung solche Ereignisse schlichtweg einfach nicht mehr ertragen kann. Dabei ist es deshalb oft nicht mehr nur das konkrete Ereignis, das die Menschen auf die Straßen treibt, sondern das vehemente Unrecht, das dasselbe symbolisiert. Massenproteste sind schließlich nur das Ende einer langen Entwicklung und bilden die Grenze dafür, was eine Gesellschaft an unrechtmäßigen Handlungen bereit ist zu tolerieren. Wenn die Freiheit am Ende mehr wiegt als die möglichen Gefahren, die mit dem Protest einhergehen, dann setzen sich Massen in Bewegung. In einer solchen Situation steigt zudem das Risiko einer gewaltsamen Eskalation, denn die Regierenden sehen sich nun einer Kulisse gegenüber, die ihre eigene Existenz in Frage stellt, selbst wenn viele Demonstrierende zu diesem Zeitpunkt immer noch recht moderate Forderungen äußern. Dessen ungeachtet können jetzt aber auch radikalere Stimmen als Teil der Protestbewegung Gehör finden, allerdings hängt deren Erfolg vor allem davon ab, wie sich die Demonstrationen weiterentwickeln.

Im Gegensatz zu historischen Protestbewegungen haben die Menschen des 21. Jahrhunderts viel mehr Möglichkeiten, ihren Widerstand gegen bestehendes oder gefühltes Unrecht zu organisieren. Moderne Kommunikationstechnologien, die bisweilen von Regimen selbst im Zuge der Intensivierung der Kontrolle von Menschen in ihrem Machtbereich ausgebaut wurden, erleichtern es heute und sicherlich auch in der Zukunft, den Widerspruch der Masse noch besser zu koordinieren. Die User von sozialen Plattformen und anderen Internetdiensten können diese nutzen, um miteinander zu kommunizieren und sich selbst zu organisieren. Zudem werden Informationen von Protesten oder Nachrichten über Missstände und die Verletzung von Menschenrechten viel schneller verbreitet und erlauben es so, die, die noch nicht am Protest teilnehmen, für eben diese zu motivieren und zu gewinnen.

Durch die Nutzung kapitalistischer Massenmedien – in diesem
Fall soziale Medien statt wie im 19. und frühen 20. Jahrhundert
Printmedien – generieren die Proteste für diejenigen, die sich aktiv mit denselben identifizieren, das, was Benedict Anderson eine
imaginierte Gemeinschaft (imagined community) nannte.[2] Wenn
immer mehr Menschen Teil dieser Gemeinschaft werden, und zwar
egal ob real, im Falle von Protestveranstaltungen, oder ideell, durch
die in vielerlei Hinsicht mögliche Unterstützung derselben, dann
deutet sich eine immer größer werdende Bedrohung der herrschenden Eliten bzw. des herrschenden Regimes, des politischen
Systems an. Sind die Proteste erst einmal zu solchen geworden, die
von der Masse der Bevölkerung unterstützt werden, dann entsteht
eine Situation, die im weiteren Verlauf darüber entscheidet, ob die
Revolution tatsächlich realisiert wird. Gerade deshalb kann ein
revolutionärer Prozess nicht ohne die Beteiligung der Massen ablaufen. Auf diesen Umstand hat bereits Friedrich Engels hingewiesen, wenn er die Rolle derselben im Zuge einer Revolution wie folgt
beschreibt:»Wo es sich um eine vollständige Umgestaltung der gesellschaftlichen Organisation handelt, da müssen die Massen selbst
mit dabei sein, selbst schon begriffen haben, worum es sich handelt,
für was sie mit Leib und Leben eintreten.«[3]

Ist eine Protestbewegung nicht dazu in der Lage, die Unterstützung der Massen zu sichern, ist es ihr kaum möglich, echte Forderungen zu stellen. Das Medieninteresse des 21. Jahrhunderts würde
nicht lange genug anhalten, um einer Minderheit dauerhaft Aufmerksamkeit zu schenken, denn das kapitalistische Interesse der
modernen Medienlandschaft ist darauf aus, Themen abzudecken,
sogar teilweise zu generieren, die ein Gros der Menschen interes-
sieren. Handelt es sich um eine kleine von einer Minderheit voran-
getriebene Protestbewegung, wird eine dauerhafte oder zumindest länger andauernde Berichterstattung kaum der Fall sein. Die
Demonstrationen verschwinden zwar nicht sofort wieder, bleiben
aber im kollektiven Bewusstsein so gut wie kaum mehr existent.

---

2 Benedict Anderson: Imagined Communities: Reflections on the Origin and
   Spread of Nationalism, London 1983.
3 MEW, Bd. 22, Berlin 1963, S. 523.

Doch gerade in Letzteres müssen revolutionäre Proteste eindringen, sie müssen die Menschen schließlich dazu bringen, die mit der Erhebung einhergehende Angst vor dem Verlust des Wenigen, was sie im vorherrschenden System noch besitzen, zu überwinden: lieber echte Freiheit für einen Moment, als unendliche Unterdrückung und ein Leben, das schwerlich als solches empfunden werden kann.

Sind die Demonstrant*innen dazu in der Lage, dann kann aus spontanen Protesten eine echte revolutionäre Bewegung erwachsen, die ein Ende der bestehenden Zustände, oft verbunden mit dem Wunsch nach einem Personalwechsel an der Spitze der politischen Entität, fordert. Zu diesem Zeitpunkt muss das noch nicht zwingend mit der Forderung einhergehen, das gesamte politische System zu verändern, sondern vielmehr werden in erster Linie stärkere Partizipationsrechte für die Bevölkerung gefordert, die am politischen Geschehen Anteil nehmen will, um die Zukunft ihres Lebens aktiv mitgestalten zu können. Es ist die »Allmacht« des staatlichen Apparates oder des diktatorischen Regimes, gegen den sich in aller Regel der Protest richtet. Die Menschen fordern dahingehend mehr Gleichheit und mehr Freiheit, im politischen wie folglich auch im sozialen Sinn, bedingt das eine doch das andere. Dessen ungeachtet werden die Forderungen einer massenhaften Protestbewegung an diesem Punkt nicht so schnell verhallen, denn das Gros der Bevölkerung hat nun ein elementares Interesse und die lokalen Medien, sofern sie es frei dürfen, werden über die Demonstrationen berichten. Nun wären die Berichterstatter*innen selbst zu einem Teil des revolutionären Prozesses geworden, so dass die volle Aufmerksamkeit auf den Entwicklungen liegt und jeder Schritt der Gegenseite aufmerksam beäugt würde.

Einen Massenprotest von landesweiten Ausmaßen, der sich dank der oben angesprochenen modernen Kommunikationsmöglichkeiten sehr gut organisieren, international vernetzen und durch die Möglichkeiten der ungefilterten Berichterstattung zudem selbst inszenieren kann, fordert diktatorische Regime und autoritäre Herrschaft, egal welche politische Form sie haben mag, heraus. Dabei ist doch die Frage, ob sich die Demonstrationen weiter zuspitzen und ihr gesamtes revolutionäres Potential entfalten können, keine, die allein von den Protestierenden abhinge. Vielmehr wird

der weitere Kurs und die Entscheidung über den revolutionären
Charakter der Protestbewegung von dem Zusammenspiel aus For-
derungskatalog derselben und der Reaktion der regierenden Macht
auf eben diesen abhängen. Letzten Endes spielen hier also mehrere
Faktoren eine Rolle.

Wichtig aus Sicht der Widerstandsbewegung ist es allerdings,
nicht an Unterstützung einzubüßen, die gewaltbereiten Teile
der Protestierenden so weit als möglich von der Anwendung derselben zurückzuhalten und so klar als möglich Ziele zu formulieren, auf die eingegangen werden kann. Je unkonkreter dieselben
sind, umso weniger Spielraum für eine Verhandlung mit der un-
erwünschten Regierung gibt es. Die Möglichkeiten, die Revolution
und damit die Eruption von Gewalt und Zerstörung, die mit revolutionären Prozessen einhergeht, noch zu verhindern, nehmen damit
also ebenso ab. Während die Proteste nämlich noch daran interessiert sein müssen, auf legalem Wege eine Veränderung zu erreichen,
wird die Revolution zunächst alles Bestehende zerstören, um etwas
völlig Anderes, Neues, und im Sinne aller Beteiligten Besseres zu
erschaffen. Um hier noch einmal Engels zu zitieren: »Revolution
mit legalen Mitteln [ist] per se ein Widerspruch, eine praktische
Unmöglichkeit.«[4] Das hängt schon damit zusammen, dass die
Revolution schlussendlich zum Ziel hat, die gegebenen Umstände
nicht nur partiell zu verändern, sondern diese in ihrer Gesamtheit
zu überwinden, um etwas völlig Neues, eine neue Welt, zu schaffen.
Ob die Überschreitung des legalen Rahmens allerdings tatsächlich notwendig wird, hängt stark von der Haltung derer ab, die die
politische Macht in Händen halten. Es ist deshalb am Ende auch
die Reaktion der Regierenden, welche bestimmt, ob die Proteste
einen Kompromiss zwischen der Bevölkerung und den politisch
Mächtigen erreichen können oder ob diese sich radikalisieren und
schließlich das Ende des gesamten Systems, welches von den Herrschenden repräsentiert wird, und damit einhergehend die Schaf-

---

4   Friedrich Engels: The Internal Crises, in: Rheinische Zeitung, Nr. 343 and 344,
    9. und 10. Dezember 1842. Online, https://marxists.catbull.com/archive/marx/
    works/1842/12/09.htm. [29.7.2020].

fung einer absoluten Freiheit auf einen politischen sowie sozialen Neuanfang verlangen.

4. Reaktion der Regierenden

Der weitere Kurs des revolutionären Prozesses ist somit vollends davon abhängig, wie sich diejenigen, die die politische Macht in ihren Händen halten, verhalten werden. Denn nur wenn die Herrschenden dazu bereit sind, einem friedlichen Wandel zuzustimmen, dann kann dieser auch vollzogen werden, weshalb friedliche Revolutionen in der Regel eher einem utopischen Wunschtraum entsprechen. Wenn die Regierenden nicht bereit sind, Veränderungen einzuleiten und diese zu akzeptieren, werden die Demonstrierenden irgendwann keine andere Wahl haben, als ihren friedlichen Forderungen Taten folgen zu lassen, so dass aus einer gewaltlosen Protestbewegung schließlich ein gewalterfüllter Bürgerkrieg wird. Allerdings ist diese Möglichkeit an Punkt 4 des Revolutionszyklus noch nicht klar zu erkennen, denn hier haben zunächst die Mächtigen drei Reaktionsmöglichkeiten und damit die Chance, die volle Entfaltung revolutionärer Kräfte zu unterbinden und noch einmal »mit einem blauen Auge« davonzukommen.

Diese Möglichkeiten sind: ein Kompromiss, das Ignorieren der Proteste und die Anwendung von Gewalt. Jede dieser drei möglichen Reaktionen birgt ein Risiko für die Herrschenden, aber nur die erste erlaubte es ihnen, weiter an der Spitze zu verweilen, wenn auch unter Umständen mit eingeschränkter Macht. Nur der Kompromiss kann die revolutionären Tendenzen innerhalb der Widerstandsbewegung in Zaum halten, denn durch Gespräche auf Augenhöhe und eine partielle Erfüllung der initialen Forderungen der Revolutionär*innen wird der Protest direkt adressiert und das Interesse an einer gemeinsamen Lösung suggeriert. Es gilt also zu verstehen, dass Herrschaft im Zuge eines anlaufenden revolutionären Prozesses nur dann erhalten bleiben kann, wenn der- oder diejenige/n, die diese ausüben, willens sind, sie teilweise abzugeben. Ihre eigene Position würde dann zwar geschwächt, bliebe aber prinzipiell erhalten. Dass eine solche Strategie aussichtsreich sein kann, haben die Reaktionen des marokkanischen Königshauses 2011, also im Zuge des sogenannten arabischen Frühlings bewiesen. Weitreichende Reformen wurden von König Mohammed VI. zugesichert und dadurch zwar Macht von Seiten der Monarchie eingebüßt, diese überdauerte jedoch gleichfalls die revolutionären Entwicklungen in der nordafrikanischen Region.

Es ist wichtig zu verstehen, dass ein Kompromiss zwar im Moment desselben einen Verlust von Macht für diejenigen bedeutet, die bisher mitunter absolut regieren, dass dieser aber notwendig ist, um die eigene Position im Zuge des weiteren revolutionären Prozesses nicht völlig zu verlieren. Auch für die Mächtigen der Welt empfiehlt es sich daher, Proteste ernst zu nehmen, bevor diese ungewollt zu Revolutionen werden, die nicht mehr nur auf Reformen abzielen, sondern einen grundlegenden Wandel, und damit einhergehend, ein Ende bestehender Herrschaftsordnungen und -systeme fordern. Die frühe und gezielte, auf Kompromiss ausgelegte Reaktion ist daher vermutlich für beide Seiten ein idealer Ausgang, zumal die Revolution ihre gesamte Wirkmacht und mitunter die Gewalt, die mit dieser verbunden ist, gar nicht erst entfaltet. Wenn die Herrschenden allerdings nicht bereit sind, über einen Kompromiss zu reden, dann bleiben zwei mögliche Reaktionen, die langfristig betrachtet zum einen den Revolutionsprozess befeuern und zum anderen denselben radikalisieren, so dass die Revolutionär*innen bald nicht mehr nur Reformen fordern, sondern erst zufrieden sind, wenn das bestehende System vollends abgeschafft worden ist.

Oft versuchen Diktatoren nämlich, die Protestbewegung zu ignorieren und tun die Menschen, die sich derselben angeschlossen haben, als unsinnige Fantasten, Agent*innen des Auslands oder asoziale Elemente der Gesellschaft ab, die lediglich darauf dringen, das bestehende System zu destabilisieren. Die Ignoranz derer, die sich einreden, dass Proteste einfach so wieder verschwinden, befeuert die letzteren vielmehr und schließlich werden die Rufe nach Veränderungen so laut, dass ein Regime diese nur schwerlich überhören kann. Die Indifferenz lässt mehr und mehr Menschen auf die Straße gehen, denn es wird für viele von ihnen offensichtlich, dass die herrschenden Eliten und die diese repräsentierende Regierung nicht willens sind, etwas zu verändern. Je mehr Frauen und

Männer sich nicht mehr mit dem Status quo identifizieren können, desto stärker wird die Protestbewegung werden. Ignoranz ist folglich gleichfalls ein Ausdruck der Unfähigkeit derer, die die Macht zu lange moralisch verdorben haben und die sich nicht mehr von ihr trennen können oder wollen. Gleichzeitig wird das Ignorieren der Demonstrationen und der Forderungen nach Veränderung dazu führen, dass dem Regime nur noch die dritte und letzte Handlungsoption, nämlich die Anwendung von Gewalt bleibt.

Es wurde eingangs bereits darauf hingewiesen, dass Revolutionen in der Regel zwar friedlich beginnen mögen, diese aber selten friedlich bleiben und nur durch einen Kompromiss gelöst werden, weil die Gefahr einer echten Revolution in radikalisierter Form hier schon relativ früh entschärft worden ist. In dem Moment, in dem sich diejenigen, die ihre eigene Macht nicht teilen wollen, gestützt auf Polizei, Sicherheitskräfte und Militär, dazu entschließen, Gewalt gegen das eigene Volk anzuwenden, öffnen sie gleichfalls die Büchse der Pandora und verändern den Charakter des revolutionären Prozesses. Wenn erst einmal Gewalt angewandt wurde, hat das oft nicht den gewünschten Effekt, die Protestierenden einzuschüchtern, sondern sorgt vielmehr dafür, dass sich die Menschen in ihrer Gesamtheit mit den Demonstrationen und den revolutionären Forderungen identifizieren und den Opfern der Gewalt solidarisieren. Kurzum: Die Proteste werden an Fahrt aufnehmen und wesentlich mehr Menschen ziehen gegen das herrschende Regime zu Felde, um ihrem Wunsch nach Veränderung, der nun drängender als je zuvor erscheint, Luft zu machen. Dass diese Entscheidung von einer allgemeinen Krisensituation, wie oben schon angesprochen, noch verstärkt wird, ist nicht selten, denn gerade dann wird das Regime und dessen Existenz per se zu einem nicht länger ertragbaren Zustand. Wandel wird zur Conditio sine qua non einer zukunftsorientierten Generation, die die Proteste initiiert haben mag, aber nun von einer breiten Masse, die demographisch durchaus divers ist und die Gesamtheit der Menschen eines Landes widerspiegelt, unterstützt wird.

Der Einsatz von Gewalt ist damit die gefährlichste Handlungsoption, denn sie intensiviert die Radikalisierung des weiteren revolutionären Prozesses und bildet schließlich den Umkehrgrenzpunkt (Point of No Return) der Revolution. Das heißt auch, dass die Anwendung gewaltsamer Unterdrückungsmaßnahmen gegen die Bevölkerung den Kurs der Proteste verändert. Jegliche Form von Kompromiss erscheint nach einer Gewalterfahrung der Demonstrant*innen ausgeschlossen, da das Herrschaft ausübende Regime deutlich gemacht hat, dass es eher die eigene Bevölkerung zum Opfer von Repressalien machte, als echte Veränderung in Form eines gemeinsam ausgehandelten Zukunftskonzeptes in Erwägung zöge. Hinzugefügt werden muss hier ebenfalls der Hinweis darauf, dass Gewalt innerhalb eines revolutionären Prozesses eine gewisse Sogwirkung erzeugt und letzterer in Konsequenz per se gewalttätiger zu werden droht: Gewalt erzeugt Gegengewalt. Die Anwendung solcher Methoden von Seiten der Herrschenden lässt zudem deutlich werden, wie unsicher sie selbst ihre eigene Herrschaft betrachten, denn schlussendlich fürchten sie die Proteste so sehr, dass sie diese gewaltsam niederschlagen müssen, um ihre eigene Macht weiterhin zu sichern. Dass letztere eigentlich bröckelt, wird dadurch jedoch offensichtlich und einmal von Gewalt angestachelt, wird die Revolutionsbewegung so schnell nicht verschwinden, besonders da es nach den ersten Toten im Namen der Revolution kaum eine Chance gibt, einen Status quo ante und damit die Möglichkeit für kompromissorientierte Gespräche wiederherzustellen. Es bleibt der Blick nach vorne, der für die Revolutionär*innen allerdings nur eine Zukunft verheißen kann: eine ohne die gewaltsamen Herrscher der Vergangenheit.

5. Umkehrgrenzpunkt (Point of No Return) der Revolution

Der Umkehrgrenzpunkt bildet, wie es der Begriff schon impliziert, die Zäsur zwischen einer Protestbewegung, die bereit ist, einen Kompromiss mit den herrschenden Kräften zu akzeptieren, das heißt also in ihrem Sinne und Ergebnis nach eine Reformbewegung bliebe. Wenn Kompromisse und Reformen jedoch nicht zu erzielen sind und das bestehende Regime auf die Forderungen der Menschen mit Gewalt antwortet, so findet auf Seiten der Demons-

trierenden ein Umdenken statt. Eine Herrschaft, die die eigene Bevölkerung mit Gewalt überzieht, weil sie unfähig oder nicht willens
ist, einen Kompromiss anzubieten, verliert an Zustimmung. Die
Proteste werden dadurch schließlich von immer mehr Menschen,
die mehr und mehr die demographischen Gegebenheiten des jeweiligen revolutionären Kontextes widerspiegeln, unterstützt, so
dass sich eine umfassende Revolutionsbewegung formiert, deren
Ziel nun nicht mehr nur einfach Reformen sind, sondern die nach
einem echten Wandel strebt, der vor allem dadurch ausgedrückt
wird, dass das herrschende Regime von einer zumeist demokratischen Ordnung abgelöst wird.

Gerade am Umkehrgrenzpunkt wird die Rolle deutlich, die die
Anwendung von Gewalt für die Radikalisierung revolutionärer Prozesse spielt. Eine Gelegenheit, zwar auf Basis geteilter Macht aber
immerhin noch an der Spitze des Staates zu verweilen, wird von
den politisch Herrschenden oft ausgeschlagen, weil der Ernst der
Lage im Falle einer sich formierenden Revolutionsbewegung zumeist verkannt wird. Nur diese hätte die weitere Radikalisierung,
die sich aufgrund der Anwendung von Gewalt gegen die Protestierenden richtet, einstellt, verhindern können. Damit stellt der Umkehrgrenzpunkt eine Zäsur zwischen der friedlichen Lösung des
Konflikts durch Gespräche zwischen Protestbewegung und herr-
schender Autorität dar, die allerdings nur in einer Richtung wirken
kann. Das heißt, dass eine Rückkehr zum Status quo ante nach
dem Einsatz von Gewalt – manchmal reicht bereits deren Andro-
hung – nicht mehr möglich ist. Damit kann ab diesem Zeitpunkt
und der expressis verbis geäußerten Forderung nach einem Ende
der Herrschaft dessen oder derer, die das politische Schicksal einer
Region oder eines Landes bestimmen, nicht mehr darauf gehofft
werden, dass sich die unterschiedlichen Interessen der beiden Kon-
fliktparteien in einem friedlichen Konsens vereinen lassen.

Die gewaltsame Reaktion auf die Forderungen der Protestbewegung lässt auf der einen Seite zwar keinen Kompromiss mit den
Regierenden mehr zu, auf der anderen Seite ermöglicht sie jedoch
eine Solidarisierung der unterschiedlichen Protestgruppen, da
diese sich durch die eigene Positionierung gegen die bestehenden
Missstände, die ihren Ausdruck in der Gewalt finden, als Teil eines

umfassenden revolutionären Prozesses identifizieren können. Mit
Blick auf die möglichen Positionen wird der Revolutionsprozess
also dichotomisch intensiviert. Es gibt demnach nur noch zwei
Identitäten innerhalb des Konfliktes: für oder gegen das bestehende Regime.

Bis zu diesem Punkt innerhalb der revolutionären Entwicklung wäre eine Entschärfung der Situation möglich gewesen, allerdings gelingt das eher selten. Das hängt zum einen damit zusammen, dass diejenigen, die sich seit langer Zeit unangefochten
an der Macht gehalten hatten, nicht gewillt sind, einzugestehen,
dass die einzige Chance auf Machterhalt ein Verzicht auf einen Teil
derselben bedeuten würde. Anstatt die Bedrohung durch eine Protestbewegung ernst zu nehmen, ignorieren die Herrschenden diese
stattdessen und wähnen sich schlussendlich in einer Lage, in der
nur der Einsatz von Gewalt als Ausweg verstanden wird. Gerade
eine solche gewaltsame Reaktion kann dafür sorgen, dass sich die
Proteste noch mehr intensivieren und die Demonstrant*innen sich
schließlich radikalisieren und in ihrer Gesamtheit nun nicht mehr
eine reformorientierte Bewegung bleiben, sondern vielmehr zu
einer echten revolutionären werden, die die Abschaffung der bestehenden Verhältnisse um jeden Preis anstrebt.

Dadurch, dass Revolutionen in der Regel nicht eo ipso in die
Welt oder innerhalb historischer Prozesse hervortreten, sondern
unter anderem von Krisen bedingt und von den Reaktionen derjenigen, die die Proteste der Massen zu unterdrücken suchen, befeuert werden, muss der Umkehrgrenzpunkt als elementarer Be-
standteil einer jedweden Revolution verstanden werden, denn erst
das Überschreiten desselben transformiert eine Protest- in eine
Revolutionsbewegung. Der Anspruch der letztgenannten zielt auf
einen Wandel, der nicht mehr durch einige Reformen, sondern nur
durch einen fundamentalen Bruch mit dem Status quo, und das
oft sowohl in politischer als auch sozialer Hinsicht, erreicht werden kann. Die Positionierung der jeweiligen Entscheidungsträger
gegen die angestrebten Veränderungen, die nicht per se gegen die
Person oder Personen an der Spitze gerichtet sind, wird dafür sorgen, dass nach der Überschreitung des Umkehrgrenzpunktes für

viele Revolutionär*innen kein Platz mehr in der neuen Ordnung für die »Mächtigen einer überwundenen Zeit« sein kann.

Das bedeutet darüber hinaus aber auch, dass es die Mächtigen sind, die darüber bestimmen, ob aus einer reformorientierten Protestbewegung eine radikale Revolution werden kann oder nicht, denn es hängt von ihrer Reaktion auf die Forderungen der Demonstrant*innen ab, inwieweit sich radikale Ideen einer »neuen Welt« bzw. einer »neuen politischen Ordnung« verbreiten. Die Akzeptanz der bestehenden Ordnung basiert auf der Möglichkeit, mehr individuelle Freiheiten erreichen zu können. Sollte das nicht länger der Fall sein, so dass Gewalt jederzeit und unbegründet als Folge dieses Wunsches nach Freiheit zu erwarten wäre, verlieren die Menschen den Glauben an Reformen und stellen sich selbst in den Dienst eines revolutionären Ideals, das eben diese zu erreichen verspricht. Ist erst einmal das Gros der Menschen für die herrschenden Kräfte verloren, kann sich das Regime nur noch durch instrumentalisierte Gewalt an der Macht halten. Dadurch generiert es jedoch eine gefühlte Ausweglosigkeit für alle diejenigen, die bisher nur auf reformerische Veränderungen gehofft hatten, nun aber keinen anderen Ausweg mehr sehen, als ihre Forderungen dahingehend zu radikalisieren, eine umfassende Neuordnung der Verhältnisse, und das ohne Kontinuitäten für die Herrschenden, zu fordern. Die Revolution beginnt demnach genau in diesem Moment, der Zäsur zwischen friedlichem Protest und der gewaltsamen Auseinandersetzung zwischen Protestierenden und Herrschenden. Wenn erstere auf friedlichem Weg keine Veränderung erreichen, müssen sie, sofern die revolutionäre Bewegung nicht verebben soll, die bestehende Unrechtsherrschaft aufbrechen. Die gedachte »schöne Revolution« wird damit zum »hässlichen Konflikt« zwischen einer mächtigen Minderheit und der oft diversen Masse der revolutionären Bevölkerung. Letztere verdrängt dabei für den Moment die eigene Diversität und richtet all ihre Ambitionen und Möglichkeiten auf ein einziges Ziel: den Wandel. Der gemeinsame Gegner bedingt dabei einen Schulterschluss ganz unterschiedlicher revolutionärer Identitäten, die sich der eigenen Unterschiede zwar bewusst sind, diese für den Moment aber dem revolutionären Ideal unterordnen bzw. dieselben ausblenden.

Jetzt gilt es, die politische Ordnung zu verändern und da dieses
Ziel nur gemeinsam erreicht werden kann, formiert sich ein Konflikt zwischen denen, die herrschen, und denen, die diese Herrschaft zum Wohle einer besseren Zukunft ablösen wollen.

6. Konflikt zwischen Regierenden und Revolutionär*innen

Ist der Umkehrgrenzpunkt überschritten, wird die Auseinandersetzung zwischen Regierenden und der Bevölkerung zunehmen,
denn eines ist klar: Ein Kompromiss steht außer Frage. Das hängt
zum einen damit zusammen, dass sich die Haltung der revolutionären Masse radikalisierte und zwar dahingehend, dass ein Wei-
terbestehen der als ungerecht empfundenen Herrschaft von einer
Mehrheit abgelehnt wird. Gleichzeitig wurde zum anderen vom
herrschenden Regime erkannt, dass ein Erfolg der Protestbewegung tatsächlich revolutionär wäre, was heißt, dass im Falle desselben keinerlei politische Kontinuitäten für die herrschenden Eliten
bestünden. Demnach kommt es auf kurz oder lang zu einer Auseinandersetzung zwischen beiden Seiten. Sofern das Regime und
dessen Vertreter*innen nicht willens wären, abzutreten – was bei
einem völligen Verzicht auf Macht und Einfluss eher selten ist –,
muss es also zwangsläufig zu einer schärferen Konfrontation bei-
der Seiten um die Zukunft der politischen und damit einhergehend
der sozialen Ordnung kommen.

Dadurch entsteht allerdings gleichzeitig eine Krux für die Revolutionär*innen, die sich in der folgenden Frage zuspitzt: Wie
beseitigt man ein Regime, das sich widersetzt, ohne selbst Gewalt
anzuwenden? Darin offenbart sich bereits eines der wesentlichen
Elemente, die über den Ausgang der Revolution an diesem Punkt
entscheiden. Die Rolle der Polizei und des Militärs. Solange beide
das Regime stützen und damit das Gewaltmonopol des Staates weiter aufrechterhalten – die Protestierenden wollen schließlich keine
Gewalt anwenden —, kann es den Menschen nicht gelingen, einen
politischen Wandel zu erreichen. Oftmals bedarf es geradezu eines
Seitenwechsels, einer revolutionären Einbeziehung der Polizei oder

des Militärs, um die scheinbar unangreifbare Stellung der herrschenden Kräfte zu überwinden. Doch um das zu erreichen, müsste vor allem das Militär, das seine Stellung und das Einkommen der
Soldat*innen eben jenen Kräften verdankt, die nun überwunden
werden sollten. Was jedoch ebenso dazu führen kann, dass sich
das Militär und/oder die Polizei gegen die Machthabenden wenden, wäre ein Übermaß an Gewalt gegen die Revolutionär*innen ,
allerdings würde die Unterdrückung der letzteren erst als übermä-
ßig gewaltsam empfunden, wenn sich die Soldat*innen zumindest
partiell mit den Zielen der Revolution identifizieren könnten.

Insgesamt betrachtet stellt sich an diesem Punkt eine Gefahr
für jede revolutionäre Bewegung. Wenn der »friedliche Kampf«,
eigentlich an sich schon ein Oxymoron, fortgesetzt wird, dann ist
damit zu rechnen, dass es zwangsläufig zu einer Eskalation der Gewalt kommen muss und damit die Revolution ihre Schönheit verliert, um einmal im oben benannten Diktum Manfred Kossoks zu
bleiben. Aus der friedlichen Protestbewegung wird eine radikale,
denn die Gewalt der Herrschenden, die sich bereits am Umkehrgrenzpunkt des revolutionären Prozesses entladen hatte, wird un-
erträglich und die Massen der Demonstrant*innen erkennen, dass
ein Wandel mit friedlichen Mitteln ausgeschlossen ist. Je länger
die »Diktatoren« an diesem Punkt in Amt und Würden bleiben, je
länger die Proteste andauern, ohne dass sich wirklich etwas ändert,
umso schwieriger wird es, friedlich zu bleiben.

Schlussendlich wird es zu einer Art Bürgerkrieg kommen müssen, nämlich zwischen denen, die das Regime stützen, weil sie
fürchten, ihre eigene Stellung im Zuge einer post-revolutionären
Ordnung einzubüßen, und denen, die auf gar keinen Fall gewillt
sind, die bestehenden Zustände weiter zu akzeptieren. Je stärker
das Fundament der herrschenden Eliten ist, umso schwieriger und
langwieriger können die folgenden Auseinandersetzungen werden,
wie es aktuell die Entwicklungen in Belarus oder die Jahre des Syri-
schen Bürgerkrieges zeigen.

Dabei spielt zudem die Haltung des Auslandes eine nicht zu
unterschätzende Rolle, denn revolutionäre Bürgerkriege können
sehr leicht zu Stellvertreterkriegen von Großmächten werden, die
durch ihre Unterstützung einer der beiden Seite danach trachten,

die Region zu destabilisieren, den eigenen Einfluss auszubauen oder schlichtweg einem Konkurrenten auf dem internationalen Parkett zu schaden. Die »Hilfe« für Revolution oder Konterrevolution verfolgt dabei stets die Absicht, den eigenen Interessen zu dienen, so dass die eigentlichen Ziele der revolutionären Bewegung schnell ins Hintertreffen geraten, je länger der Konflikt zwischen den Parteien andauert. Zudem können im Zuge einer solchen Entwicklung gleichfalls wesentlich radikalere Kräfte die Führung der Revolutionsbewegung übernehmen.

In den unruhigen Zeiten eines solchen revolutionären Bürgerkrieges beginnt zudem bereits eine Spaltung, die sich jedoch erst in voller Gänze zeigt, wenn die alten Machthaber überwunden wurden und sich die Revolutionär*innen der Umgestaltung der bestehenden Gesellschaftsordnung widmen können. Gerade weil der lang andauernde Konflikt zwischen alten Eliten und revolutionären Gruppen ein gewaltsamer ist, leidet darunter vor allem auch die Zivilbevölkerung. Das Land wird zum Kriegsschauplatz und diejenigen, die sich weder Revolutionsbewegung noch dem Regime zugehörig fühlen, werden zu Fliehenden vor Krieg und Zerstörung. Dadurch wird die Revolution zunehmend internationalisiert, da die Geflüchteten die Geschichte der bisherigen Ereignisse und durch ihre Flucht auch die Folgen in die Anrainerstaaten sowie andere Länder tragen. Die revolutionären Exilant*innen, die bereits zuvor nach Hilfe im Ausland gesucht hatten, werden nun zahlreicher und erneut entsteht eine revolutionäre, diesmal allerdings post-revolutionäre Diaspora derer, die wegen des Bürgerkrieges und der Gefahr der Verfolgung und Repressalien aus ihrem Land fliehen mussten. Gleichfalls werden diese Menschen versuchen, moralische, aber vielmehr materielle Unterstützung zu erlangen, um diejenigen, die in ihrer Heimat die Ideale der Revolution weiter am Leben erhalten, zu unterstützen.

Sollten die Revolutionär*innen dazu in der Lage sein, entweder ausreichend Hilfe im Kampf gegen das Regime von außen zu erhalten oder die Polizei und Armee auf ihre Seite zu ziehen, dann kann es tatsächlich gelingen, dass das Regime, das sich in dieser Phase lediglich durch Gewalt gegen die eigene Bevölkerung an der Macht gehalten hatte, zu überwinden. Im Anschluss daran zeigen sich allerdings erst die möglichen Probleme, die durch die lange Auseinandersetzung mit den vormals Herrschenden entstanden waren. Oft ist es so, dass spätere interne Machtkämpfe zwischen unterschiedlichen Repräsentant*innen der Revolution sich in dieser Phase bereits andeuten, auch wenn sie noch nicht offen zutage treten. Noch eint der gemeinsame Gegner, der den revolutionären Wandel hemmt, die unterschiedlichen Gruppierungen, die doch in ihrer Gesamtheit allesamt danach streben, das bestehende politische System zu überwinden.

In dem Moment, indem das bisherige Regime fällt, ist dieser Zusammenhalt in Gefahr. Wenn es gilt das sich nach dem Ende der alten Eliten bildende Machtvakuum zu füllen, sind eigene Interessen plötzlich viel wichtiger als revolutionäre Ideale, die, beispielsweise im Falle eines langen Bürgerkrieges, bisweilen bereits weit zurückliegen. Der revolutionäre Prozess gelangt somit schließlich an einen entscheidenden Punkt, an dem die Frage über Erfolg oder Misserfolg desselben wirklich entschieden wird.

7. Erfolg der Revolution

Sofern eine Protestbewegung wirklich dazu in der Lage ist, eine als widerrechtlich empfundene Herrschaft zu Fall zu bringen und diese durch ein freieres und demokratischeres System zu ersetzen, so kann von einer erfolgreichen Revolution gesprochen werden. Dabei können auch soziale Veränderungen Teil dieses Transformationsprozesses sein, allerdings markiert der politische Systemwandel zunächst den Erfolg. Dabei ist dieser Moment zugleich einer der fragilsten des gesamten revolutionären Ablaufs, denn nun entscheidet sich, ob die Revolution wirklich dazu in der Lage ist, die von den Menschen, die in ihrem Namen auf die Straßen gegangen sind, ersehnten Ziele zu erreichen und in der Anfangsphase der Revolutionsbewegung zum Ausdruck gebrachte Ideale Wirklichkeit werden zu lassen. Ob dieselbe also einen echten Wandel erzielen kann oder scheitert, entscheidet sich demnach genau an diesem Punkt innerhalb des revolutionären Prozesses.

Prinzipiell ist entscheidend, dass der erzielte Wandel von einer Majorität der nun von der vormaligen als ungerecht empfundenen Herrschaft befreiten Bevölkerung darüber im Einklang ist, dass die bisher erreichten Veränderungen in eben dieser Form festgeschrieben werden. Sollte eine Majoritätsentscheidung getroffen werden können, so gilt es ebenfalls, diese Entscheidung demokratisch legitimieren zu lassen und gegebenenfalls gegen einen Widerstand zu verteidigen. Das heißt nicht, dass es keinen Diskurs geben darf. Es muss allerdings ebenso darauf hingewiesen werden, dass eine Mehrheitsentscheidung den Konsens über die revolutionären Veränderungen, auf denen das neue politische System sowie die soziale Ordnung fußen sollen, bestimmt. Sicherlich werden gerade radikalere Elemente der Revolutionsbewegung hier vor der Entscheidung stehen, die neuen politische und sozialen Gegebenheiten zu akzeptieren oder weiter danach zu streben, die Revolution noch voranzutreiben, damit diese noch mehr von dem erreichen kann, was zu diesem Zeitpunkt erreichbar und möglich erscheint.

Die Revolutionsbewegung muss demnach darüber diskutieren, wie genau ihre Minimal- bzw. Maximalziele aussehen, und die unterschiedlichen Gruppen müssen sich in einem basisdemokratischen Diskurs darüber einigen, wie ein akzeptabler Konsens aussehen kann. Sollten die unterschiedlichen Interessengruppen an diesem Punkt dazu in der Lage sein, sich auf eine gemeinsame Lösung zu verständigen und diese politisch sowie sozial umzusetzen, dann kann die Revolution durchaus erfolgreich sein. Damit endete dann gleichfalls der revolutionäre Prozess und ginge in den der Etablierung und Festigung der neuen Ordnung über. Wenn alle Kräfte der Revolutionsbewegung an dieser Schaffung einer »neuen Welt« ihren Anteil nehmen, kann eine von allen demokratisch getragene Zukunft geschaffen werden, die aus einer erfolgreichen Revolution hervorgegangen wäre.

Schon Rosa Luxemburg hat in ihren Betrachtungen zur Russischen Revolution darauf hingewiesen, dass an diesem Punkt besonders die Freiheit der unterschiedlichen Positionen und Meinungen bzw. derer, die diese vertreten, gesichert werden muss.[5] Die Revolutionsbewegung muss demnach nach dem Ende der alten Ordnung dazu in der Lage sein, eine bestehende Meinungsdiversität zu akzeptieren und diese in eine freie und demokratische Entscheidung für die neue post-revolutionäre Ordnung umzumünzen.

Die Revolution, die ein Ausdruck der Unzufriedenheit der Massen, der unterschiedlichen Bevölkerungsschichten und verschiedener Altersgruppen war, muss schlussendlich dazu führen, dass ein Konsens dieser Unterstützer*innen gefunden wird, mit dem alle gleichermaßen leben können. Unabhängig von politischen Dogmen und radikalen Forderungen kann eine Revolution nur dann erfolgreich sein, wenn sie zwei Dinge (er)schaffen kann: 1) die Freiheit für alle und 2) den Konsens und dessen Akzeptanz von allen.

Ist die Revolutionsbewegung in ihrer Gesamtheit nicht dazu fähig, diese beiden Grundbedingungen für eine friedliche Transformation hin zu einer neuen politischen und sozialen Ordnung zu gewährleisten, dann wird der erreichte Wandel mitunter als unzureichend empfunden, so dass radikalere politische Kräfte ihren Einfluss ausbauen könnten, um ein weiteres Vorantreiben des revolutionären Prozesses hin zu weitreichenderen Veränderung zu verlangen. Das würde bedeuten, dass der erzielte Wandel nicht dazu ausreichte, die Revolution in einen echten Erfolg umzumünzen und den zehnstufigen Prozess an diesem Punkt zu stoppen. Je mehr Menschen von dem, was die Revolutionsbewegung tatsächlich erreichen bzw. verändern konnte, enttäuscht sind, umso wahrscheinlicher ist es, dass die radikalen Kräfte innerhalb des revolutionären Prozesses mehr Unterstützung erhalten und ihren Anspruch, die Revolution weiter voranzutreiben, nicht nur offen äußern, sondern aktiv in die Tat umsetzen.

Erfolgt die Trennung der Revolutionsbewegung aufgrund der im vorigen Punkt bereits bestehenden Differenzen, da kein Konsens über den zu erzielenden Wandel erreicht werden kann, so droht ein Zerfall in moderate und radikale Revolutionär*innen , die nun versuchen, ihre Ideen und Ideale durchzusetzen, mitunter auch unter

---

5 Rosa Luxemburg: Die Russische Revolution. Eine kritische Würdigung, hg. und eingeleitet v. Paul Levi, Berlin 1922, S. 109.

Ausübung von Gewalt gegen den politischen Gegner. Dabei spielt zudem eine Rolle, dass sich auch die konterrevolutionären Kräfte in dieser Phase formieren, da die Schwäche der Revolution durch die Spaltung der verschiedenen Revolutionsparteien offensichtlich wird. Sollte es also zu einer Scheidung in unterschiedliche Revolutionsgruppen kommen, die die post-revolutionäre Ordnung jeweils in ihrem Sinne zu interpretieren suchen, dann endet der revolutionäre Prozess nicht mit einem konsensfähigen Wandel, sondern läuft weiter, wobei sich nun nicht mehr nur die Repräsentant*innen des alten und des neu angestrebten politischen sowie sozialen Systems gegenüberstehen, sondern neben Kräften, die die Errungenschaften der Revolution wieder zerstören möchten, auch diese, die sich über den Charakter der Veränderungen und deren Tragweite uneins sind. Die Revolution zerfällt also und das was bleibt, ist ein interner Machtkampf, in dem das Schicksal der revolutionären Ideale, für die die Menschen einst viel riskierten, entschieden wird.

8. Interner Machtkampf

Fakt ist, dass die meisten Revolutionen an einem internen Machtkampf scheitern, der genau dann auftritt, wenn die Zukunft der Revolutionsbewegung zur Debatte steht, d.h. das »alte Regime« überwunden worden ist. Dieser Machtkampf kann sich je nach Kontext des revolutionären Prozesses ganz unterschiedlich gestalten bzw. von ganz unterschiedlichen Interessengruppen und deren Vertreter*innen bestimmt werden. Es hängt von der Demographie, egal ob kulturell, ethnisch oder religiös, ab, welche Brüche die Gesellschaft in ihrer post-revolutionären Phase mitunter bestimmen. Nachdem beispielsweise eine auf Unabhängigkeit strebende Revolution im kolonialen Raum erfolgreich ist und im Begriff steht, eine freie Nation zu schaffen, reflektieren die Menschen über ihre eigene Identität sowie ihre Interessen und können dadurch zu Gruppen finden und zur Verwirklichung der gemeinsamen Ziele aktiv werden.

Gerade an diesem Punkt des revolutionären Prozesses, an dem die Machtfrage gestellt wird, zerbricht die revolutionäre Bewegung und spaltet sich in einzelne Interessengruppen auf, die nun gleichfalls um die Macht, aber damit einhergehend auch um die Interpretationshoheit der Revolution per se ringen. Für eine erfolgreiche Sicherung der revolutionären Ziele und des Wandels ist es entscheidend, ja muss es daher aus Sicht jeder Revolutionsbewegung sein, klar zu formulieren und im Sinne der Mehrheit zu erklären, was die Ziele der Revolution sein sollen. Darüber hinaus gilt es hier zu bemerken, dass nur ein freiheitlicher Sozialismus dazu in der Lage wäre, die nationalistisch-kapitalistischen Gegensätze der revoltierenden Menschen zu überwinden und ein Einheitsgerüst für den Erfolg einer Revolution zu gewährleisten. Nur wenn die Beteiligten sich zum Wohle der Gesamtheit aller erheben, dann kann die Freiheit auch allen zuteilwerden. Normalerweise scheitern revolutionäre Prozesse nämlich genau daran, dass der anfängliche Zusammenhalt während der Proteste gegen die alte Ordnung vom Wunsch um das Erbe eben dieser abgelöst wird und die unterschiedlichen Elemente der anfänglichen Protestbewegung darum ringen, wer und für wen die Zukunft bestimmen kann und darf.

Die Revolution scheitert folglich zumeist an den Dingen, die sie eigentlich überwinden will. »Freiheit, Gleichheit und Brüderlichkeit« waren die Ziele der Französischen Revolution, Frieden und die klassenlose Gesellschaft die der Russischen Revolution. Und doch scheiterten beide dieser revolutionären Erhebungen, die das »lange« 19. Jahrhundert an beiden Enden seiner Geschichte begrenzen. Zu zaghaft waren die erreichten Veränderungen, zu erfolgreich die radikalen Kräfte, die unter dem Deckmantel von propagandistisch wirksamen Schlagworten eine »neue Zeit« oder eine »neue Weltordnung«, ja sogar den »neuen Menschen« verkündeten. Auch die Amerikanische Revolution war gescheitert, da sie zwar die USA begründete, das aber nicht als einen auf Freiheit basierenden Zusammenschluss von Menschen, sondern als einen von weißen Männern dominierten Sklavenhalterstaat, in dem es zwar fast einhundert Jahre dauerte, aber in dem es ebenfalls zu einem internen Machtkampf um die Zukunft des Landes – gemeint ist der Amerikanische Bürgerkrieg (1861-1865) – kommen sollte.

Es stellt sich dahingehend die Frage, ob ein interner Machtkampf innerhalb eines Revolutionsprozesses überhaupt verhindert werden kann. Sicherlich, denn nichts in der menschlichen Geschichte darf als vorbestimmt gelten, allerdings sind hier einige Grundvoraussetzungen notwendig:

1. die Masse der Bevölkerung muss sensibel bzw. aufgeklärt genug sein, um zu verstehen, welche Möglichkeiten der revolutionäre Prozess bietet und auf welches Ziel dieser ausgerichtet sein muss.
2. eine Mehrheit muss diesem Ziel von Anfang an positiv gegenüberstehen und dafür sorgen, dass es während der Entwicklung der Revolution hin zur »Lokomotive der Weltgeschichte« nicht abhanden kommt. Und
3. die Entscheidungen, die nach der Überwindung der »alten Ordnung«, des Ancien Régime, zur Abstimmung stehen, müssen basisdemokratisch und völlig gleichwertig, ohne Bevorzugung kapitalistisch-determinierter Klassen, eines Geschlechts, einer Ethnie, eines Kulturkreises oder einer Religion im Sinne des zu Beginn ausgehandelten Grundkonsenses getroffen werden.

Es muss an diesem Punkt schlichtweg verhindert werden, die alte durch eine neue Herrschaft zu ersetzen, widerspräche das doch dem fundamentalen Ziel der Revolution: der Freiheit aller. Es kann nur von einer erfolgreichen Revolution gesprochen werden, wenn alle Menschen in freier Abstimmung und offener Diskussion, selbst wenn im Zuge derselben unangenehme Wahrheiten ausgesprochen werden, am Aufbau der neuen, besseren und sozialeren Welt beteiligt werden. Dabei sollte es unbedingt vermieden werden, einer radikalen wie auch immer gearteten Minderheit zu viel Raum zu geben, denn die Korrumpierung der Revolution ist an diesem Punkt des revolutionären Prozesses ein leichtes. Politische Gegner*innen werden schnell zu konterrevolutionären Elementen erklärt und Gewalt eingesetzt, um Konsens zu erzwingen bzw. Kritik im Keim zu ersticken. Die Frage nach der Revolution darf folglich keine Machtfrage werden, sondern muss als Zukunftsfrage gestellt werden, die alle betrifft, an deren Beantwortung allerdings auch alle mitwirken können, ja eigentlich müssen.

Gelingt es den Menschen nicht, die Ziele der Revolution klar zu formulieren, um sie nach dem Erfolg der Revolution entsprechend umzusetzen, dann wird ein offener Machtkampf unvermeidlich sein, in dem sich politische Kontrahent*innen ebenso gegenüberstehen können, wie anders gelagerte und determinierte Interessengruppen. Spaltung bedingt einen sich aufladenden Konflikt und eine neue, diversifizierte Phase des Bürgerkrieges, in dem nun nicht mehr nur die Repräsentant*innen der Revolutionsbewegung gegen die der »alten Ordnung« kämpfen, sondern die verschiedenen Revolutionsgruppen untereinander, gegen die Konterrevolution, gegen Minderheiten und eventuell gegen intervenierende ausländische Kräfte, die entweder die eine oder andere Position, meist aus ganz eigenen Interessen unterstützen.

Der Machtkampf wird zwischen all diesen verschiedenen Gruppierungen ausgefochten, um über die Zukunft des post-revolutionären Zustandes zu entscheiden, allerdings besteht gleichfalls die Gefahr, dass sich der interne Machtkampf schnell internationalisiert, je nachdem wo und zu welchem Zeitpunkt die Revolution stattgefunden hat bzw. zu diesem Zeitpunkt des revolutionären Prozesses immer noch stattfindet. Gewiss ist an diesem Punkt nur eines: Der weitere Weg in die Zukunft wird von Gewalt bestimmt werden.

9. Einsatz von Gewalt gegen interne Gegner (Terror)

Hat sich der offene Bruch zwischen moderaten und radikalen revolutionären Kräften auf der einen Seite vollzogen und werden diese auf der anderen Seite von konterrevolutionären, mitunter von außen unterstützten, Interessengruppen angegangen, so wird ein Prozess in Gang gesetzt, im Zuge dessen sich Gewalt stetig intensiviert und schlussendlich zum Selbsterhaltungswerkzeug derer wird, die die post-revolutionäre Ordnung kontrollieren und damit alle anderen Gruppen im Kampf um die Macht ausschalten müssen. Der revolutionäre Prozess gelangt somit in eine erneute Phase des Bürgerkrieges, allerdings nicht mehr nur zwischen Regierung und Opposition, sondern zwischen denen, die die Macht nun in Händen halten und den Teilen der früheren Protestbewegung, die nun als Gefahr für den Herrschaftsanspruch der neuen Machthaber verstanden werden. Gleichzeitig führen letztere Krieg gegen die konterrevolutionären Kräfte sowie gegen etwaige Interventionen gegen die Revolution und ihre Folgen. Es entsteht somit eine besonders gewalttätige Phase des revolutionären Prozesses, in der diese jederzeit jeden treffen kann, der sich zwischen die nun bestimmende Revolutionspartei und die Macht selbst stellt.

Die Identitäten, also die Frage, wer als revolutionär zu gelten hat, werden neu vergeben, die früheren Ziele der Revolutionsbewegung umgeschrieben, die Mehrheit übergangen und der Versuch von Seiten der neuen Eliten, möglicherweise Parteieliten, unternommen, das eigene Handeln im Namen der Revolution zu sanktionieren. Dabei geht es schon seit dem internen Machtkampf nicht mehr um dieselbe oder den Versuch, eine freie und sozial gerechtere, d.h. gleiche und klassenlose Gesellschaftsordnung zu etablieren, sondern lediglich darum, wer wieviel Macht in Händen hält. Gerade die radikalen Kräfte der Revolutionsbewegung sind in diesem Moment dazu gezwungen, im Namen einer Fortsetzung der revolutionären Ideale, ja sogar auf Basis der Idee einer weiteren, einer zweiten Revolution, zu argumentieren, denn nur wenn es revolutionär noch etwas zu erreichen gäbe, brauchte man diese radikalen Revolutionär*innen . Die eigene Position wird also durch ein weiteres Vorantreiben der Revolution, einer Radikalisierung der zu erzielenden Veränderungen legitimiert, wobei gleichzeitig die Freiheit der Massen und deren Entscheidungen ignoriert werden. Beginnt diese Minorität nun, über das Gros der Menschen zu herrschen, so ist diese Form der Herrschaft einzig und allein durch die Anwendung von Gewalt zu erhalten.

Darüber hinaus ist es nicht ungewöhnlich, dass sich die einstmals homogen wirkende Revolutionsbewegung in ihre unterschiedlichen Bestandteile auflöst und ehemalige Weggefährt*innen sich gegenseitig zu vernichten streben: Die Revolution frisst ihre eigenen Kinder. Damit kann die Revolution gleichermaßen als moralisch verdorben gelten, denn sie wurde korrumpiert, ihre Ziele und Ideale bedeuten nichts mehr. Macht, ja Macht allein determiniert nun das weitere Geschehen, die Entscheidung der regierenden Revolutionär*innen , die, eigentlich als lebendes Oxymoron, nun darangehen, die Freiheiten der Massen zu beschneiden, um den eigenen Führungsanspruch weiter zu untermauern und Kritik, ja tatsächlich in dieser Phase den Widerstand gegen die neue Ordnung unmöglich zu machen.

Dazu werden Repressionsinstrumente in Form polizeilicher Kräfte geschaffen, die die Etablierung und Festigung einer neuen Ordnung, die sich konträr zu den Idealen der ursprünglichen revolutionären Bewegung entwickelt hat, herangezogen werden. Diejenigen, die dem neuen Kurs widersprechen, werden automatisch zu Feinden der Revolution erklärt, wobei letztere nur noch per definitionem, aber nicht länger als reale Größe des aktuellen Prozesses existiert. Es zählt nun nicht mehr, auf die Meinung der Gesamtgesellschaft zu bauen, Freiheit ist gleichfalls nicht länger existent und die Gewalt bahnt sich ihren Weg in die Leben jedes Einzelnen. Es bleibt nur die Auflehnung gegen die neue Ordnung, wobei diese gewaltsame Gegenreaktionen von oben nach sich zieht. Friss oder stirb, heißt es nun. Doch Gewalt, die in ihrer Ausübung irgendwann grenzenlos erscheint, kann auch die Revolutionär*innen selbst ereilen, sollten sich die Massen erneut erheben und ein Ende der Gewalterfahrung fordern. Dabei spielt letztere auch dahingehend eine Rolle, dass der Wert politischer Freiheiten, wie sie zwar nur kurz, aber unumkehrbar bestanden hatten, in den Hintergrund gerückt werden. Die Ideale und das, was die Revolution an positiven Dingen hervorgebracht hatte, wird von der extremen Gewalt der aktuellen Phase überschattet. Vielen sind deshalb diese Freiheiten egal, solange nur die Gewalt endet, Stabilität wiederhergestellt wird und ein zumindest partiell ungestörtes Leben garantiert werden kann. Tatsächlich wird nun Ruhe und Ordnung wichtiger als jeder revolutionäre Traum, wie motivierend dieser in der Frühphase der Revolution auch gewirkt haben mag.

Der Einsatz entgrenzter Gewalt, also des Terrors gegen die eigene Bevölkerung und revolutionäre bzw. konterrevolutionäre Feinde ermöglicht es schließlich, entweder durch das Brechen jedweden Widerstandes für die gewaltausübenden Kräfte selbst oder diejenigen, die ein Ende der zügellosen Gewalt in Aussicht stellen, dafür aber die Konzentration der Macht in ihren Händen verlangen – etwa Militärs, die politische Ambitionen entwickelt haben – die Herrschaft zu übernehmen. Aus der Gewalt folgt jedoch in der Regel die Etablierung einer neuen Diktatur, sei es eine Individual- oder eine kollektive Diktatur, etwa eine Parteidiktatur oder die Herrschaft einer wie auch immer determinierten Gruppe. Damit führte der revolutionäre Prozess schlussendlich nur dazu, dass eine bestehende Unrechtsordnung durch eine eben solche, wenn auch im Namen anderer Ideen oder revolutionärer Begrifflichkeit, ersetzt wurde. Erneut wird die Freiheit der Menschen weder respektiert noch in unbeschränktem Maße gewährt. Nur kurz dauerte der Traum von einer besseren und gerechteren Zukunft. Die Realitäten haben die revolutionären Ideale schließlich entstellt und etwas geschaffen, das keiner der Revolutionär*innen im Sinn hatte, als sie sich im Namen der Freiheit der revolutionären Bewegung angeschlossen hatten.

Die Masse der Menschen ist allerdings der Meinung, dass der aktuelle Zustand noch schlimmer ist als die Krise, die den revolutionären Prozess ausgelöst hatte, so dass eine Identifikation mit der Revolution nicht länger erfolgt, denn diese erscheint in ihrer verzerrten Form als das genaue Gegenteil dessen, was eigentlich erreicht werden sollte. Die erneute Einschränkung persönlicher Freiheit zerstört den Rückhalt, den die Revolutionsbewegung zunächst genossen hatte. Ruhe und Ordnung, ein Ende von Krise und Bürgerkrieg werden zu den Forderungen der Massen, die nun nach realer Beständigkeit streben und nicht mehr auf revolutionäre Ideale bauen. So entsteht schlussendlich ein erneutes Regime, entweder der radikalen Elemente selbst oder derer, die diese im Namen der nicht-radikalen Mehrheit entmachteten, sich an der Spitze der Gesellschaft in Position bringen und ein neues Individualregime, quasi als Überwinder der Revolution, installieren.

10. Etablierung eines neuen Regimes

Am Ende vieler Revolutionen steht also schließlich erneut ein Regime. Zwar eines, das sich den Mantel der revolutionären Idee überstreift und darauf pocht, den revolutionären Prozess im Sinne der zu anfangs bestimmenden Ideale fortzusetzen, das in vielerlei Hinsicht aber nichts anderes ist als ein autoritäres, ja manchmal auch totalitäres Regime, dessen Herrschaft auf einer Perversion dessen basiert, wofür die Revolutionär*innen der ersten Stunde, wofür die Massen der Bevölkerung sich eingesetzt hatten. Erneut herrscht also eine Minorität, selbst wenn diese sich als Vertretung aller bezeichnet und etwa, wie in Sowjetrussland nach dem Oktober 1917, eine »Diktatur des Proletariats« ausruft. Tatsächlich hat sich ein neues System der Kontrolle etabliert, das dem Machterhalt weniger dient und dabei die Rechte vieler außer Kraft setzt. Zynisch müsste hier gefragt werden, ob sich die Revolution überhaupt gelohnt hat, wenn doch am Ende wieder eine Herrschaft steht, die nicht das Wohl und die Freiheit aller zum Ziel hat.

Und doch ermöglichte es das nach dem Wandel entstehende Machtvakuum immer wieder, dass sich im Zuge des folgenden internen Machtkampfes und der Gewalt eine neue Herrschaft etablieren lässt, die die Ideale der Revolution schlicht und ergreifend ad acta legt und unter Berufung auf abstrakte Theorien, aber ebenso wichtig, gestützt auf militärische Macht, das verrät, was einst das Ziel aller Protestierenden gewesen war, nämlich ein Mehr an Freiheit zu erreichen. Ob die neue Herrschaft schließlich in Form einer einzelnen Person, etwa eines Generals oder eines Kollektivs, also beispielsweise einer Partei, ausgeübt wird, hängt von den jeweils konkret gegebenen historischen Kontexten der jeweiligen Revolution und von den vorhandenen Strukturen, wie sie entweder schon vor dem Beginn des revolutionären Prozesses bestanden oder sich während desselben erst entwickelt hatten, ab.

Einmal an der Spitze, werden diese Kräfte jedoch alles daransetzen, dort zu bleiben und die Unterdrückung von Kritik und Widerstand sind unabwendbare Folgen, handelt es sich letzten Endes doch nicht um mehr als ein erneutes Unrechtsregime. Diejenigen, die auf die ursprünglichen Ziele der Revolution verweisen, sind nun unerwünscht, legen sie doch den Makel der neuen politischen Ordnung offen. Sie müssen nun schweigen und wenn das nicht freiwillig geschieht, dann drohen Gefängnis, Folter und schlussendlich die Ermordung. Die Gewalt des neuen Regimes erreicht eine bisher unbekannte Intensität: Es folgt der Politizid, d.h. ein politisch motivierter Genozid. All diejenigen, die nicht bereit sind, ihre eigenen Ideale aufzugeben und an alternativen politischen Ideen festhalten, geraten ins Fadenkreuz der neuen Polizeikräfte, deren vorrangige Aufgabe nun darin besteht, mögliche Feinde der neuen Ordnung zu identifizieren und zunächst politisch, im Anschluss daran oft aber auch physisch zu eliminieren.

Währenddessen müssen die jetzt mächtigen Eliten das Revolutionsnarrativ zum einen historisch verklären und zum anderen, angepasst an die realen Gegebenheiten, umdeuten. So wurde aus Marxismus, einer doktrinären Verklärung der Arbeiten von Marx und Engels, die beide selbst abgelehnt hatten, da sie ihre Überlegungen zur Revolution als »work in progress« verstanden[6], schließlich Leninismus, Stalinismus, Maoismus usw. Historisch betrachtet können die neuen Regime tatsächlich so stabil werden, dass sie die Geschicke der Menschen, die die Revolution anfangs durchaus unterstützt hatten, auf Jahrzehnte hin bestimmen, bevor sich Protestbewegungen, getragen von einer neuen Generation, formieren, um die herrschenden Zustände zu überwinden.

Das bedeutet, dass der revolutionäre Prozess erneut beginnt. Historisch und mit Blick auf die Zukunft betrachtet, heißt das, dass Revolutionen als ein Phänomen der globalen Moderne die Geschichte der Menschheit seit dem »langen« 19. Jahrhundert entscheidend mitbestimmten und auch in Zukunft eine nicht zu unterschätzende Rolle spielen dürften. Besonders, wenn Krisen wie die aktuelle Pandemie das revolutionäre Potential so vieler befeuert. Selbst wenn Revolutionen in ihrem jeweiligen Kontext durchaus Unterschiede aufweisen, so kann mit dem beschriebenen Vergleichsmodell gearbeitet werden, um eben diese zu identifizieren und durch eine komparative Perspektive Gemeinsamkeiten und Abweichungen in den jeweiligen Prozessen besser zu verstehen. Als Analysewerkzeug für Wissenschaftler*innen ist es dabei ebenso wichtig wie für all diejenigen, die freiwillig oder unfreiwillig Teil eines revolutionären Prozesses werden. Nur durch das Wissen um die gerade am

---

6   Frank Jacob: Friedrich Engels and Revolution Theory. The Legacy of a Revolutionary Life, in: Frank Jacob (Hg.): Engels @ 200. Reading Friedrich Engels in the 21st Century, Marburg 2020, S. 49-90.

Werke befindlichen Kräfte, über die möglichen Entwicklungslinien des weiteren Verlaufes und das revolutionäre Bewusstsein der Massen, kann ein Wandel, der den Idealen der Revolution entspricht, erreicht und gleichzeitig eine Korrumpierung der Revolution hin zur Etablierung eines neuen Unrechtsregimes verhindert werden.

3. Die Notwendigkeit der Revolution im 21. Jahrhundert

Warum sollten Menschen ihre Hoffnung auf eine Revolution setzen, wenn doch die revolutionären Prozesse der Vergangenheit so klar und eindeutig eine Botschaft der politischen sowie sozialen Niederlage vermitteln. Weil nur die Revolution die Welt in eine bessere verwandeln kann, in der die Trennung der Menschen in Klassen, Ethnien und Nationen durch den Sozialismus überwunden wird und in der Freiheit für alle und das gleichermaßen besteht. Nur die Revolution kann diese neue Welt erschaffen, denn die herrschenden plutokratischen Eliten werden sich kaum dazu durchringen können, das Leben der Allgemeinheit besser zu gestalten, basiert ihre eigene Existenz doch gerade auf der Ausbeutung und zunehmend ungehinderten Ansammlung von Kapital. Doch das ist nicht das einzige Problem der Menschheit, das eine Revolution unausweichlich, ja notwendig macht.

Die Welt steht am Abgrund und noch besteht wenig Hoffnung, dass die Warnungen der Wissenschaftlerinnen und Wissenschaftler mit Blick auf den Klimawandel und die damit einhergehenden Probleme ausreichend ernst genommen werden. Es bedarf daher nun eines schnellen und umfassenden Wandels der bestehenden politischen und sozialen Verhältnisse, bei dem bisherige Eliten in der Wirtschaft im Speziellen, man denke etwa an sogenannte »Schlüsselindustrien«, und der Gesellschaft im Allgemeinen einen durchaus großen Teil ihres Einflusses aufgeben müssen, eben einer Revolution, die bereit ist, die Welt grundlegend und dauerhaft zu verändern. Dass das nicht nur im regionalen bzw. nationalen Kontext und mit Blick auf die politische Ebene möglich ist, belegt das

sich seit der COVID-19-Pandemie global steigernde Protestpotential.

Momentan können wir in verschiedenen Teilen der Welt Protestbewegungen beobachten, die sich nicht nur in Belarus, Polen
oder Hong Kong gegen den Verlust demokratischer Rechte richten,
sondern auch solche, die soziale Probleme offen anprangern, wie
etwa die Black Lives Matter-Bewegung in den USA. Darüber hinaus haben sich Demonstrationsformen gebildet, die global sind,
wie etwa die Fridays for Future. Dazu kommen allerdings auch
Proteste gegen die Schutzmaßnahmen in Zeiten der Pandemie,
die von populistischen Verführerinnen und Verführern sowie von
Verschwörungstheoretikerinnen und Verschwörungstheoretikern
genutzt werden, um im Zuge der Proteste Anhängerinnen und An-
hänger für ihre eigenen skurrilen Ideen zu gewinnen. Ungeachtet
dieser Effekte der Pandemie hat COVID-19 dafür gesorgt, dass das
globale Protestpotential zunimmt. Zum einen konnten aktivieren-
de Momente wie der Tod des Afroamerikaners George Floyd nicht
mehr einfach ausgeblendet oder überspielt werden, denn zu viele
Menschen saßen zu Hause vor den Fernsehern, um zu sehen, wie
die Polizeigewalt des Staates das Leben des Mannes brutal been-
dete.[1] Die Menschen, die durch die Pandemie Angehörige verloren
haben, mit einem beschränkten Einkommen leben müssen oder in
eine Zukunft blicken, die lediglich sozialen Abstieg verheißt, wenn
die Geschäfte weiter geschlossen bleiben, haben keine andere Wahl
als sich mit möglichen Alternativen zum Status quo auseinanderzusetzen. Das revolutionäre Potential wird demnach zunehmen
und Dinge, die vor COVID-19 kaum das Potential zum Politikum
bzw. zum Auslöser eines revolutionären Prozesses hatten, reichen
plötzlich aus, Demonstrationen in Gang zu setzen. Die Anspan-
nung wird zunehmen und die gefühlte Missachtung eines mitunter
imaginierten Rechtes dafür sorgen, dass sich die negativen Gefühle
vieler Menschen auf den Straßen der Welt entladen bzw. diese ab-
gelassen werden.

---

1 Evan Hill et al.: How George Floyd Was Killed in Police Custody, in: New York
Times, 31. Mai 2020. Online: https://www.nytimes.com/2020/05/31/us/george-
floyd-investigation.html. [30.11.2020].

Die Probleme, die diese Entwicklung bedingen, sind allerdings globaler Natur und bedürfen deshalb schlussendlich auch einer globalen Lösung. Am drängendsten ist dabei sicherlich die Klimakrise, die immer noch von führenden Politikern der Welt kleingeredet wird. Wer sich fragt, ob die aktuell existierenden Strukturen wirklich dazu in der Lage wären, dem Klimawandel entgegenzutreten und die Zukunft zu sichern, der kann oftmals nur den Kopf schütteln. Umso wichtiger ist es, dass eine Zäsur entsteht, wie sie nur Revolutionen schaffen. Die Pandemie hat gezeigt, wie schnell Reformen möglich sind, allerdings wurde im Zuge derer nicht nur das Klima weitestgehend ausgeblendet, tatsächlich dienten die meisten Maßnahmen lediglich dazu, die existierende kapitalistische Ordnung am Leben zu erhalten. Sogenannte »Schlüsselindustrien« verlangten Hilfe, die Politik lieferte. Dass sie damit nur dazu beitrug, ein System zu stützen, das in sich bereits überholt, ja bisweilen sogar verdorben ist, spielte dahingehend keine Rolle.

Der Kapitalismus musste als systemrelevant erhalten bleiben und die Verlierer der Krise waren schnell identifiziert: die Armen, die prekär Arbeitenden, kurzum, die Ausgebeuteten des globalisierten kapitalistischen Systems. Während Textilkonzerne in Europa um Mietminderungen baten, ließen sie die Zulieferer in Südostasien auf der Ware sitzen, wodurch das wichtige Einkommen vieler Näherinnen ausblieb und sich die Armut vieler Menschen intensivierte.[2] Während Konzerne wie die Lufthansa mit Staatsgeldern subventioniert worden waren, forderte der Staat, der als stiller Teilhaber agieren, ja vielmehr observieren wollte, keine Gegenleistung. Milliarden flossen in die Lufthansa-Rettung, doch auf den zunehmenden Druck, den ausbleibende Flüge erzeugten, antwortete der Konzern mit Entlassungsplänen und dem Abspecken der Flotte.[3] Die Steuerzahlerinnen und Steuerzahler mussten erneut herhal-

---

2 Saheli Roy Choudhury: ›Vulnerable‹ Garment Workers in Bangladesh Bear the Brunt of the Coronavirus Pandemic, in: CNBC, 18. Oktober 2020. Online: https://www.cnbc.com/2020/10/19/coronavirus-worsened-the-reality-for-bangladesh-garment-workers.html. [30.11.2020].

3 Jens Koenen/Martin Murphy: Lufthansa verschärft Sparkurs: Abschied vom Riesenflieger A380, in: Handelsblattt, 21. September 2020. Online: https://www.handelsblatt.com/unternehmen/handel-konsumgueter/luftfahrt-luft

ten, um bisweilen Strukturen zu retten, die schlichtweg nicht mehr zeitgemäß sind. In guten Zeiten hatte die Lufthansa vor allem das Vermögen der Aktionäre vermehrt und hohe Renditen bezahlt, von denen die wenigsten Menschen in Deutschland profitierten. Auch eine Modernisierung bzw. Umstrukturierung der Lufthansa mit Blick auf mögliche Klimaziele wurde nicht gefordert.[4] Wenn nur etwa die Hälfte der Rettungsgelder investiert werden sollen, um die Löhne in den Bereichen, deren Einsatz in Zeiten der globalen Pandemie besonders gefordert wird, zu steigern, dann weist die Politik auf die Höhe der Summe hin, auf die man sich schließlich nur schwerlich einigen konnte.

Besonders am Beispiel derer, die in der Zeit der Pandemie doppelt ausgebeutet wurden, kann gezeigt werden, inwieweit die Krise die Gegensätze zwischen den Systemgewinnern und den Systemverlierern intensiviert hat.[5] Während Kassiererinnen und Kassierer, Pflegerinnen und Pfleger sowie medizinisches Personal weiter unterbezahlt dafür sorgen mussten, dass eine permanente Betreuung von infizierten Personen gewährleistet wurde, war neben einer in ihrer Höhe als unscheinbar verblassenden Einmalprämie nur Applaus für diese Berufsgruppen übrig. Während die Reichsten der Reichen ihren täglichen Profit weiter erhöhten, wurde den oft prekär Beschäftigten nicht nur zugemutet, trotz gesundheitlicher Gefahr ununterbrochen für die Gesellschaft im Einsatz zu sein, ohne sie für diese Leistung dauerhaft auszuzeichnen, das heißt die dauerhaft schlechten, teilweise prekären Arbeitsbedingungen zu verbessern. Ähnliche Perspektiven bieten sich beim Blick auf andere sogenannte »Schlüsselindustrien«, man denke etwa an die Automobilbranche.

Beispielhaft sei hier lediglich auf die neue S-Klasse von Mercedes Benz verwiesen, die so emblematisch für die Probleme dieses

hansa-verschaerft-sparkurs-abschied-vom-riesenflieger-a380/26198956.
html?ticket=ST-4075634-LrrZcezCNeGf1T40a23l-ap6. [30.11.2020].

4 Susanne Schwarz: Lufthansa-Rettung ohne Klimaschutz, in: klimareporter, 25. Mai 2020. Online, https://www.klimareporter.de/verkehr/lufthansa-rettung-ohne-klimaschutz. [30.11.2020].

5 Frank Jacob: The COVID-19 Pandemic, Labor Exploitation in Germany, and the Reshaping of Marx's Class Struggle, DOI: 10.13140/RG.2.2.33160.03848.

Industriezweiges steht. In schlechten Zeiten rufen gerade die Lobbyistinnen und Lobbyisten der Automobilindustrie nach staatlicher Unterstützung und tatsächlich wurde in Form des Kurzarbeitergeldes ermöglicht, dass die Stilllegung der Produktion verhältnismäßig unbeschadet überstanden werden konnte. Eine Industrie, die den Anschluss an zukunftsträchtige Technologien, Stichwort E-Mobilität, verpasst hatte, wurde vom Staat also am Leben erhalten, erneut, ähnlich wie bei der Lufthansa, ohne konkrete Forderungen im Gegenzug zu stellen. Durch den Bau der S-Klasse, eines Modells, das weder zukunftsträchtig ist, noch einen Vorteil für den Klimaschutz, allerdings viel Prestige für die Reichen, die dieses Auto fahren, bietet, werden erneut Gewinne erzielt, von denen diejenigen, die in Zeiten der Pandemie und der Kurzarbeit auf vieles verzichten mussten, kaum profitieren dürften. Der einseitige Vorteil der Herstellung liegt auf der Hand: mehr Protz, mehr Verdienst, aber weniger Nachhaltigkeit zum Wohl der Allgemeinheit.

Die Aufzählung an Beispielen derer, die zum Erhalt des kapitalistischen Systems ausgebeutet werden, ließe sich hier sicherlich erweitern. Ihnen stehen unter anderem die großen Konzerne gegenüber, die über Jahre hinweg Renditen an Investor*innen sowie Boni an Manager*innen ausbezahlten und die wenig an Umwelt oder Nachhaltigkeit sowie dem Wohl der Tausenden Arbeitnehmer*innen interessiert waren. Letztere stehen jetzt gerade in der Automobilbranche vor einem schweren Transformationsprozess, der nun mit staatlichen Geldern, also Steuern in Form des verlängerten Kurzarbeitergeldes, bezahlt werden soll.

Insgesamt hat die Krise die Gegensätze zwischen denen, die ausbeuten und bestehenden Reichtum vermehren, und denen, die ausgebeutet werden, deren jahrelanger Einsatz plötzlich nichts mehr zählt und die psychisch sowie physisch vor dem Ende bzw. den Scherben der eigenen Existenz stehen, und das nicht nur in Deutschland, intensiviert. Die Klassengesellschaft wird stetig bipolarer und die Schere zwischen den beiden Gruppen geht immer weiter auseinander. Am Ende bleiben nur wenige Superreiche, die dem Heer der Armen gegenüberstehen. Die Pandemie und die damit einhergehende Krise intensiviert diese Gegensätze derart, dass sie nun offensichtlicher werden als zuvor. Steigende Arbeitslosenzahlen, einbrechende Produktionsketten, fehlender Anschluss an globale Marktstrukturen, steigende Armut, grassierender Populismus... Unsere Gesellschaften werden mit einem Anstieg des sozialen Konfliktpotentials konfrontiert. Das revolutionäre Potential, wie von Engels für Krisenzeiten identifiziert, steigt zunehmend an.

Der Klassenkampf, in welchem Marx und Engels das Proletariat zum Totengräber des Kapitalismus bestimmt hatten,[6] existiert heute nicht mehr in derselben Form wie im 19. Jahrhundert, sondern hat sich im Wesentlichen auf die genannten dichotomen Gesellschaftsteile, also Ausbeutende und Ausgebeutete verengt, so dass nicht mehr einer bestimmte Klasse wie dem Proletariat die Rolle der revolutionären Triebkraft zukommt, sondern sich die Massen derer, die schon viel zu lange ausgebeutet wurden, erheben müssen, um eine Veränderung der bestehenden Gesellschaftsordnung zu verlangen und diese auch aktiv, durch Teilnahme an Protesten gegen Kapitalismus, Ausbeutung und die Existenz der Armut herbeizuführen. Das 21. Jahrhundert muss ein Jahrhundert der Revolution sein, denn nur so kann eine echte und tiefgreifende Veränderung der bestehenden Verhältnisse erreicht werden.

Es kann jedoch nur zu einem echten Jahrhundert der Revolution werden, also erfolgreiche Revolutionsprozesse erleben, wenn sich die global aktiven Protestbewegungen vereinigen und zu einer aktiven Masse der Veränderung werden, die nicht nur eine Transformation politischer Systeme, sondern gleichzeitig eine sozial gerechtere und klimaverträglichere Ordnung etablieren. Dazu bedarf es grundlegend eines Sinneswandeles und das nicht nur einzelner Frauen und Männer, sondern der Menschheit in ihrer Gesamtheit. Es muss Einigkeit darüber bestehen, dass der notwendige Wandel, auf dem eine erfolgreiche Zukunft basieren kann, ja basieren muss, nur dann erreicht werden kann, wenn die Mehrheit der Menschen genau das will. Dahingehend ist es gleichfalls zwingend notwendig, dass endlich ein Bruch mit dem Kapitalismus erfolgt, dessen Anziehungskraft so viele erlegen sind, in dem Glauben, selbst Teil derer zu werden, die von ihm profitieren.

---

6 Karl Marx/Friedrich Engels: Manifest der Kommunistischen Partei (1848), in: MEW, Bd. 4, S. 459-493.

Die Revolution des 21. Jahrhunderts muss darüber hinaus in ihrer Gesamtheit der Freiheit aller verschrieben sein und die Revolutionär*innen dürfen sich nicht allein mit dem Austausch eines politischen Systems und damit einhergehend der Schaffung neuer Eliten zufriedengeben. Das Leben der Menschen muss eine Veränderung erfahren, die eine Welt schafft, in der die Sünden der Vergangenheit anerkannt und überwunden sowie gemeinsam eine bessere, eine auf eine lebenswerte Zukunft für alle ausgerichtete Gesellschaftsform, in der keinerlei Ausbeutung mehr existiert, etabliert werden. Die Vereinigung der unterschiedlichen Protestbewegungen ist dabei essentiell, denn die Schnittmenge derselben ist die Grundlage dieser »neuen Welt«: Einer Welt, in der jegliche Form der Ungleichheit abgelehnt wird, einer Welt, in der Menschen nicht von-, sondern miteinander leben, einer Welt, in der jedem Menschen die gleichen Chancen auf ein freies und selbstbestimmtes Leben bereitgestellt werden.

Es ist essentiell zu verstehen, dass eine solche Welt nur durch eine Revolution geschaffen werden kann, denn die kapitalistischen Eliten des frühen 21. Jahrhunderts, die selbst in einer globalen Notlage nicht daran interessiert zu sein scheinen, ihre exaltierten Positionen innerhalb der hierarchischen »Ordnung des Geldes« aufzugeben, werden die notwendigen Veränderungen nicht vorantreiben, verlören sie doch dadurch genau das, was ihnen ihren jetzigen Wohlstand auf Kosten der Allgemeinheit sichert: die Möglichkeit, existierende Ungleichheiten wirtschaftlich auszunutzen. Wenn der Menschheit in ihrer Gesamtheit wirklich daran gelegen ist, allen Frauen, Männern und Kindern eine bessere Zukunft zu sichern, dann kann nur auf eine Revolution gehofft und gesetzt werden. Kurzum: ohne Revolution keine Freiheit, ohne Freiheit keine Gleichheit und ohne Gleichheit keine Zukunft.

4. Was bleibt zu tun?

Im Folgenden sollen die Voraussetzungen sowie die Bedingungen für diese globalen Revolution des 21. Jahrhunderts dargestellt werden, um mögliche Gefahren derselben zu identifizieren. Es wurde bereits darauf hingewiesen, dass eine Revolution nur dann erfolgreich sein kann, wenn sich die Massen mit derselben identifizieren, um anschließend gemeinsam die neue politische und soziale Ordnung zu bestimmen. Das muss ebenfalls in einer Art Solidarisierung mit den Ideen der Revolution einhergehen, denn nur so können die revolutionären Anstrengungen in reale Ergebnisse umgemünzt werden. Es ist dahingehend wichtig, dass der revolutionäre Prozess eine gemeinsame Aktion der Massen bleibt, die schlussendlich eine demokratische Konsolidierung ihrer »neuen Welt« bzw. der post-revolutionären Ordnung ermöglichen und sichern müssen. Diese Aspekte der Revolution des 21. Jahrhunderts, also die Aufklärung und Erkenntnis der Massen, dass eine revolutionäre Notwendigkeit besteht, die Solidarisierung der Menschen mit der revolutionären Idee bzw. den mit dieser einhergehenden Ideale, die gemeinschaftliche Aktion im Namen einer besseren Zukunft sowie die post-revolutionäre Konsolidierung einer neuen freiheitlichen und egalitären Demokratie, stehen im Mittelpunkt der folgenden Überlegungen.

Aufklärung und Erkenntnis

Selbst wenn die Revolutionen der Vergangenheit bei näherer Betrachtung nur wenig Hoffnung darauf machen, dass ein revolutionärer Prozess erfolgreich einen politischen sowie sozialen Wandel herbeiführen kann, ohne gleichzeitig ein totalitäres System neuer Hierarchien zu schaffen, so haben doch bekannte Revolutionärinnen wie Emma Goldman oder Rosa Luxemburg[1] bereits darauf hingewiesen, dass diese Erfahrungen essentiell sind, denn sie sind »nützliche Schritte, aus denen zu lernen ist«[2], mit welchen Gefahren eine revolutionäre Bewegung konfrontiert werden könnte. Für Luxemburg war es daher notwendig, dass die Massen verstanden, warum die eigenen Gedanken um die Revolution kreisen sollten. Dahingehend ist es tragisch, dass Luxemburg selbst zu einem Opfer einer konterrevolutionären Angst vor dem Umsichgreifen einer bolschewistischen Weltrevolution, also indirekt der transnationalen Auswirkungen einer korrumpierten Revolution, die von Lenin und den Bolschewiki moralisch verdorben worden war, geworden ist und durch den Schulterschluss der militärischen Eliten des Kaiserreiches mit den politischen Eliten der SPD zu einer Persona non grata erklärt wurde, deren revolutionäres Potential so gefährlich schien, dass nur ihr Tod die Konsolidierung einer post-revolutionären Ordnung, die nicht zu revolutionär blieb, zu gewährleisten schien.

Luxemburg hatte immer wieder darauf hingewiesen, dass die Revolution der Massen bedurfte und setzte damit die revolutionstheoretischen Überlegungen von Friedrich Engels fort. Auch Letzterer hatte hervorgehoben, dass eine Revolution nur durch die Beteiligung der Massen realisiert und nicht von einer Gruppe »geführt« werden könne. Und nur eine Massenrevolution wäre, so Luxemburg im Gegensatz zu Eduard Bernsteins Idee des Reform-

---

1 Frank Jacob: Rosa Luxemburg. Living and Thinking the Revolution, Marburg 2021.

2 Anne-Kathrin Krug/Jakob Graf: Zur Aktualität der Organisationstheorie von Luxemburg und Gramsci. Zwischen emanzipatorischer Theoriebildung und ahistorischer Bezugnahme, in: PROKLA 171 (2013): S. 239-259, hier S. 240.

sozialismus,[3] dazu in der Lage, die kapitalistische Gesellschaftsordnung zu überwinden:

»Die Produktionsverhältnisse der kapitalistischen Gesellschaft
nähern sich der sozialistischen immer mehr, ihre politischen und
rechtlichen Verhältnisse dagegen errichten zwischen der kapitalistischen und der sozialistischen Gesellschaft eine immer höhere
Wand. Diese Wand wird durch die Entwicklung der Sozialreformen
wie der Demokratie nicht durchlöchert, sondern umgekehrt fester,
starrer gemacht. Wodurch sie also niedergerissen werden kann, ist
einzig der *Hammerschlag der Revolution*, d.h. die Eroberung der politischen Macht durch das Proletariat.«[4]

Diejenigen, die in Form einer Organisation, also etwa einer Partei,
an der Vorbereitung eines als organisch zu verstehenden revolutionären Prozesses arbeiteten, müssten deshalb diesen durch Auf-
klärungsarbeit vorbereiten, seien aber nicht dazu auserkoren, ihn
anzuführen oder zu lenken. Ähnlich wie Luxemburg, die davon
ausging, dass die Reformarbeit der Partei nach einem »radikalen
Bruch ohne Übergang«[5] in der Revolution münde, hatten auch andere Sozialisten, etwa Kurt Eisner, einen Vertreter eines neokan-
tianischen Marxismus, darauf gesetzt, das revolutionäre Potential
der Massen durch stete Bildung im Sinne der Ideale der europäi-
schen Aufklärung vorzubereiten, um es dann im Moment der Revolution quasi zu aktivieren.[6] Für Eisner war es undenkbar, dass
ein gebildeter und altruistisch fühlender Mensch einen anderen

---

3 Eduard Bernstein: Die Voraussetzungen des Sozialismus und die Aufgaben
   der Sozialdemokratie, Stuttgart 1899.

4 Rosa Luxemburg: Reform oder Revolution, in: Leipziger Volkszeitung, Nr. 219-
   225, 21.-28. September 1898, und Nr. 76-80, 4.-8. April 1899. Zitat online unter:
   https://www.marxists.org/deutsch/archiv/luxemburg/1899/sozrefrev/kap1-4.
   htm. Meine Hervorhebung.

5 Alexander Neupert: Parteilichkeit und Aufklärung. Zur Kritik der Mosaik-Linken, in: PROKLA 171, Nr. 2 (2013), S. 261-276, hier S. 267.

6 Frank Jacob: Der Kultursozialismus Kurt Eisners (1867-1919). Das »Arbeiter-
   Feuilleton« und die Aufklärung der deutschen Arbeiterschaft, in: Arbeit-Bewegung-Geschichte 18, Nr. 1 (2019), S. 9-25.

Weg in die Zukunft, zum Wohle und zur Freiheit sowie Gleichheit aller, wählen konnte als den Sozialismus. Beide scheiterten jedoch am Unwillen der Massen, die »Lokomotive der Revolution« weiter voranzutreiben und echte sowie dauerhaft befreiende soziale Veränderungen in der post-revolutionären Ordnung der Weimarer Republik festzuschreiben. Stattdessen hatte sich die Revolution vielerorts kaum schneller als ein »Bummelzug«[7] fortbewegt und die Massen hatten sich schnell für eine gewissermaßen halbherzige demokratische Ordnung entschieden. Zu schnell gaben sich die Massen der Bevölkerung mit dem Ende des Krieges und einigen, wenn auch bedeutenden, Reformen zufrieden. Eine fundamentale Veränderung der Gesellschaft war dann aber doch zu revolutionär und wurde vielmehr als Gefahr wahrgenommen, besonders da die post-revolutionäre Ordnung Sowjetrusslands vermuten ließ, dass auch die Deutsche Revolution in der Herrschaft einer totalitären Revolutionspartei enden könnte. Hier war die Erfahrung der Geschichte schließlich zu angsteinflößend und die Hoffnung, die mit der revolutionären Veränderung verbunden werden konnte, schon früh im Keim der Bolschewismusfurcht erstickt worden.

Es gilt demnach in erster Linie dafür zu sorgen, dass Revolutionen nicht länger mit deren Korrumpierung durch diejenigen, die sich im internen Machtkampf um die Deutungshoheit des revolutionären Prozesses durchsetzen, zu identifizieren. Es muss vielmehr darauf hingewiesen werden, dass Revolutionen per se etwas Positives sind, nämlich Prozesse, die trotz der mit ihnen einhergegangenen Rückschläge dafür gesorgt haben, dass demokratische Werte und freiheitliche Ideale vielerorts das Leben von Menschen bestimmen. Schon Hannah Arendt hat diese Notwendigkeit erkannt und die Bedeutung der Revolutionen der Vergangenheit wie folgt hervorgehoben:

> »Wir, die wir es einer Revolution und der anschließenden Begründung eines neuen politischen Körpers zu verdanken haben, dass wir

---

7 Frank Jacob: Lokale Perspektiven auf den Beginn der Weimarer Republik. Revolution und Rätezeit 1918/1919 in Unterfranken, in: Zeitschrift für Geschichtswissenschaft 67, Nr. 10 (2019): 831-844, hier S. 831.

aufrechten Hauptes gehen und in Freiheit handeln können, sollten uns tunlichst daran erinnern, was eine Revolution im Leben von Nationen bedeutet. Ganz gleich, ob sie im Erfolg endet, mit der Konstituierung eines öffentlichen Raums der Freiheit, oder in die Katastrophe mündet für diejenigen, die sie wagten oder sich gegen ihre Neigung und Erwartung daran beteiligten – der Sinn von Revolution ist die Verwirklichung eines der größten und grundlegendsten menschlichen Potenziale, nämlich die unvergleichliche Erfahrung, frei zu sein für einen Neuanfang.«[8]

Revolutionen sind wichtig, denn sie verändern die Welt, selbst wenn sie mit Blick auf ihre eigentlichen Ziele gescheitert sind. Mitunter deshalb lag auch Rosa Luxemburg daran, die Revolution so weit als möglich voranzutreiben, damit so viele Veränderungen wie möglich, nach dem Rückschwung des revolutionären Pendels, der revolutionären Schwungkraft, bewahrt werden konnten, um eine bessere Zukunft zu ermöglichen.

Für uns Menschen des 21. Jahrhunderts gilt es deshalb zuallererst, die Angst vor der Revolution zu überwinden. Dazu müssen wir wissen, was Revolutionen sind und warum sie ein wichtiges Phänomen der globalen Moderne repräsentieren, ohne das wir viele Freiheiten unserer Zeit missen müssten. Unabhängig von den historischen Verfehlungen revolutionärer Prozesse muss die Erkenntnis, vielmehr noch das Bekenntnis heißen: ja zur Revolution.

Solidarisierung

Sofern ein generelles Verständnis darüber erzielt wurde, dass die Revolution nichts ist, vor dem Menschen Angst haben müssten, bedarf es einer revolutionären Solidarisierung der Massen, um die Schaffenskraft dieses historischen Phänomens in unserer eigenen Zeit zu aktivieren. Revolutionen können und dürfen nicht zu einer Hierarchisierung der revolutionären Bewegung führen, damit

---

8 Hannah Arendt: Die Freiheit, frei zu sein, 3. Auflage, München 2018, S. 38.

Freiheit nicht in Orwellscher Manier zur Sklaverei verkommt.[9] Sobald eine revolutionäre Bewegung im Entstehen begriffen ist, müssen sich die Massen mit dieser solidarisieren und sich mit den verfolgten Zielen und geforderten Veränderungen identifizieren. Nur so könnten die volle Entfaltung des revolutionären Prozesses und die damit einhergehenden Gefahren vermieden werden, da eine echte Massenbewegung vielleicht schon dazu in der Lage wäre, den Prozess durch einen Kompromiss zu unterbrechen, so dass die Revolution gar nicht erst zu einer solchen würde, weil ihr Umkehrgrenzpunkt nicht überschritten werden muss, um einen echten Wandel zu erzielen.

Darüber hinaus sorgt die Solidarisierung, also die aktive Teilnahme am revolutionären Prozess, dafür, dass die Ziele von Beginn an klar und im Sinne der Mehrheit zum Ausdruck gebracht werden können. Das heißt gleichzeitig aber, dass die Menschen, die die revolutionäre Masse bilden, sich nicht nur mit der Notwendigkeit einer revolutionären Veränderung identifizieren und solidarisieren, sondern dass sie ebenso darauf achten müssen, dass die Ziele der Revolutionsbewegung klar und im Sinne der Mehrheit bestimmt und eingehalten werden. Der französische Psychologe und Soziologe Gustave Le Bon (1841-1931) hatte im Gegensatz dazu und eher revolutionspessimistisch vor dem zersetzenden Einfluss der Masse gewarnt:

»Bisher bestand die Aufgabe der Massen offenbar in diesen großen Zerstörungen der alten Kulturen. Die Geschichte lehrt uns, dass in dem Augenblick, da die moralischen Kräfte, das Rüstzeug einer Gesellschaft, ihre Herrschaft verloren haben, die letzte Auflösung von jenen unbewußten und rohen Massen, welche recht gut als Barbaren gekennzeichnet werden, herbeigeführt wird. Bisher wurden die Kulturen von einer kleinen, intellektuellen Aristokratie geschaffen und geleitet, niemals von den Massen. Die Massen haben nur Kraft zur Zerstörung. Ihre Herrschaft bedeutet stets eine Stufe der Auflösung. Eine Kultur setzt feste Regeln, Zucht, den Übergang des Triebhaften zum Vernünftigen, die Vorausberechnung

---

9 George Orwell: 1984, London 1949.

der Zukunft, überhaupt einen hohen Bildungsgrad voraus – Bedingungen, für welche die sich selbst überlassenen Massen völlig unzugänglich sind. Vermöge ihrer nur zerstörerischen Macht wirken sie gleich jenen Mikroben, welche die Auflösung geschwächter Körper oder Leichen beschleunigen. Ist das Gebäude einer Kultur morsch geworden, so führen die Massen seinen Zusammenbruch herbei. Jetzt tritt ihre Hauptaufgabe zutage. Plötzlich wird die blinde Macht der Masse für einen Augenblick zur einzigen Philosophie der Geschichte.«[10]

Dieser Ansicht nach, wären die Menschen in ihrer Masse nicht zu einer schaffenden Handlung und zur kontrollierten Überwindung alter Ordnungen fähig, denn ihr politischer Einfluss bliebe punktuell und einem Naturereignis gleich, auf einen kurzen und heftigen Ausbruch beschränkt, der ein bereits marodes Gesellschaftssystem überwinde, dann aber erneut der Führung einiger weniger bedürfe, um Teil eines neuen zu werden.

Diese Sicht auf die Massen ist durchaus pessimistisch, würde sie doch bedeuten, dass die Menschen nicht mehr als eine Art Verhandlungsmasse innerhalb des revolutionären Prozesses wären, deren Bedeutung einzig und allein darin besteht, durch die Entscheidung darüber, von wem sie kontrolliert würde, den Kurs der Revolution zu bestimmen. Eine solche Perspektive spräche der Masse folglich auch das revolutionäre Bewusstsein ab, denn die Menschen wären dann nicht mehr als Spielfiguren auf dem Schachbrett derjenigen, die gerade versuchten, Einfluss über sie zu gewinnen, um das gerade ablaufende Spiel, also den Gang des revolutionären Prozesses, für sich zu entscheiden. Doch dem ist nicht so, sofern sich die Massen früh darüber bewusst sind, dass ein revolutionärer Wandel möglich ist und dass die Tragweite desselben nur davon abhängt, inwieweit sich die Menschen selbst mit diesem solidarisieren, indem Proteste unterstützt werden.

---

10 Gustave Le Bon: The Crowd. A Study of the Popular Mind (Kitchener: Batoche Books, 2001), https://socserv2.socsci.mcmaster.ca/econ/ugcm/3ll3/lebon/Crowds.pdf. [2.9.2016]. Deutsche Übersetzung aus Gustave Le Bon: Die Psychologie der Massen, Düsseldorf 2016.

Dazu bedarf es jedoch eines revolutionären Bewusstseins, das schon vor dem Beginn der Proteste existiert. Das heißt, nur wer erkennt, dass das existierende System bzw. die existierende Gesellschaftsordnung überwunden werden muss, weil es weder Freiheit noch Gleichheit für alle bereithält, der kann von Anfang an aktiver Teil einer revolutionären Bewegung werden. Gleichzeitig bedeutet das, dass Menschen sich nicht nur mit dem Gedanken an eine Revolution solidarisieren müssen, weil sie selbst dieser bedürfen, um frei und gleich zu sein, sondern dass sie diese Entscheidung auch treffen – und hier zeigt sich echte Solidarität —, weil nicht allen Menschen diese ideellen Grundrechte eingeräumt werden. Die Solidarisierung mit der Revolution bedeutet deshalb gleichzeitig auch eine solche mit den Menschen, die eine revolutionäre Veränderung mehr benötigen als das sich solidarisierende Individuum, weil sie von den systemischen Ungleichheiten stärker betroffen sind.

Das hieße konkret, dass ein Gros der Menschen erkennt, dass die aktuelle politische und soziale Ordnung auf Ungleichheit basiert, auf der Ausbeutung der Schwachen, deren Recht auf Freiheit und Gleichheit missachtet wird, um den Wohlstand weniger zu sichern. Ein Bekenntnis zur Revolution, einer Revolution der Massen, braucht deshalb den Mut zur Freiheit, und zwar nicht nur für sich selbst, sondern zu einer Freiheit für alle Menschen. Jede Frau und jeder Mann muss sich entscheiden, ob sie oder er bereit sind, sich zum Wohle der Freiheit aller an einem globalen Revolutionsprozess zu beteiligen und die damit verbundenen Werte als Ziele anzuerkennen. In Anbetracht der Probleme des 21. Jahrhunderts – kapitalistischer Ausbeutung, Klimakrise, Migrationskrise, wachsender Nationalismus, Terrorismus etc. – kann nur eine Revolution der Massen, die global und nicht national ausgerichtet ist, eine bessere Zukunft für alle sicherstellen. Kurzum: Die Weltrevolution ist heute notwendiger als je zuvor, allerdings sollte sie bewusst und nicht spontan wie eine unkontrollierbare Naturgewalt beginnen. Denn wenn Aufklärung und Erkenntnis zu einer echten Solidarisierung der Massen mit den Zielen einer möglichen Revolution geführt haben, dann wird die folgende Aktion nur darauf abzielen, Freiheit für alle zu schaffen. Dazu bedarf es, gerade im Angesicht der historischen Erfahrungswerte mit Blick auf die revolutionären Prozesse der Vergangenheit, des Mutes der Massen. Es gilt also, Freiheit zu wagen. Ohne die bewusste Entscheidung zur Revolution im Namen der Freiheit kann eine Veränderung im Sinne aller kaum erreicht werden. Doch auch Mut allein wird nicht ausreichen, denn ohne eine echte Aktion muss jeder Gedanke an Revolution ein intellektuelles Glasperlenspiel bleiben: ohne Aktion keine Revolution.

Aktion

Wenn schließlich aus revolutionärer Notwendigkeit eine Aktion der Massen erwächst, dann ist es essentiell für den Erfolg der Revolution, dass der Prozess stets von derselben bestimmt wird. Die Revolutionär*innen müssen sich darüber im Klaren sein, dass eine Umwandlung des bestehenden gesellschaftlichen und politischen Systems nur dann in freiheitlicher Art und Weise geschehen kann, wenn der revolutionäre Vorgang von Beginn an im Sinne der Masse, also mit Blick auf von der Mehrheit geforderte bzw. sanktionierte Forderungen, abläuft. Es ist deshalb umso wichtiger, dass die Aktion nicht von den zu Beginn der Revolutionsbewegung determinierten Zielen abweicht, dass die Methoden, auf die sich die Protestierenden in basisdemokratischer Art und Weise geeinigt haben sollten, beibehalten werden. Eine Radikalisierung der Revolution kann somit verhindert, Exzesse vor ihrem Auftreten bereits abgewendet werden.

Die Masse muss dahingehend von Beginn an den Kurs des revolutionären Prozesses sowie dessen Mittel bestimmen. Nachdem ein umfassender gesellschaftlicher Wandel im 21. Jahrhundert das Ziel einer Revolution sein muss, sofern das Überleben der Menschheit und eine bessere Zukunft für alle gesichert werden sollen, können nur die Menschen in ihrer annähernden Gesamtheit, also die Masse derer, die ausgebeutet wird, sowie derer, die sich mit den Ausgebeuteten solidarisiert hat, dafür sorgen, dass sich die bestehenden Verhältnisse ändern. Sofern davon ausgegangen wird, dass der Kapitalismus das Übel unserer Welt ist, kann nur ein Aufbäumen all jener, die diesen als eben dieses Übel erkannt haben und gegen diejenigen, die das kapitalistische System nutzen, um zu profitieren,

oder diejenigen, die es in der Hoffnung, von demselben zu profitieren, schützen, dazu führen, dass die Wurzel menschlicher Ungleichheit beseitigt wird. Dazu müssen die Massen allerdings, und
dazu sollten Aufklärung, Erkenntnis und Solidarisierung führen,
das System von innen heraus aushebeln. Die kapitalistische Ausbeutung existiert, weil wir sie akzeptieren, ja weil wir bisweilen
selbst gerne diejenigen wären, die von eben solcher Ausbeutung
profitieren. Nur die Ablehnung solcher kapitalistischen Praktiken
kann ein gemeinsames Auflehnen gegen die Ungleichheit unserer
Zeit ermöglichen, wobei es dazu, wie oben bereits erwähnt, den
Mut zu echter Freiheit aller bedarf.

Schlussendlich unterschätzen die prä-revolutionären Massen
ihren Einfluss. Ohne die tägliche Fügsamkeit, die Willfährigkeit,
das kapitalistische System der Ausbeutung durch Partizipation in
und nach den Regeln desselben zu erhalten, wäre der Kapitalismus
längst überwunden. Doch zu groß ist der Wunsch, ja unsere Gier,
wenigstens einmal auf der Seite der Ausbeutenden zu stehen. Und
so huldigen wir der Hoffnung, selbst der Ausbeutung zu entkom-
men, um am Elend anderer zu verdienen. Doch ist es genau diese Hoffnung, die überwunden werden muss. Die Freiheit kann es
nicht nur für eine Minderheit geben, sondern muss für jeden Menschen erfochten werden. Die Möglichkeiten, das existierende System ins Wanken zu bringen, besitzen schließlich die Massen selbst.

Der amerikanische Sozialist Daniel De Leon (1852-1914) wies dahingehend schon 1905 auf die Bedeutung des Streiks als revolutionärer Aktion hin, wenn er erklärte:

»Generalstreik [...] [ist] eine Bezeichnung, die durch Missbrauch sei-
tens ihrer eigenen Befürworter, welche bisher beständig den Wagen vor das Pferd gespannt, gehörig missverstanden wird, und die
durch die viel passendere Bezeichnung ›Die Aussperrung der kapitalistischen Klasse‹ ersetzt werden sollte. Zur politischen Macht gelangt man durch den Stimmkasten. Aber der Stimmkasten ist kein
offenes Feld, sondern ein regelrechter Engpass. Dieser Engpass ist
in den Händen der Agenten der Bourgeoisie. Die Wahlinspektoren
und Wahlbehörden bestehen aus kapitalistischen Beamten; sie
bilden regelrechte Besatzungen, mit denen die Kapitalistenklasse

diesen Engpass verteidigt. Sich einzubilden, dass diese kapitalistischen Garnisonen der Wahlpasse ruhig den Kandidaten der Revolution, deren Programm die Schleifung der politischen Feste des Kapitalismus bezweckt, einen friedlichen Durchmarsch erlauben würden, wäre gleichbedeutend, sich den Hirngespinsten eines Mondkalbes hinzugeben.«[11]

De Leon geht in seiner Betrachtung davon aus, dass das politische System als solches nicht dazu in der Lage wäre, den revolutionären Forderungen der Massen zu entsprechen, weshalb er mit Blick auf einen möglichen Generalstreik die »Aussperrung der kapitalistischen Klasse« forderte, also das Aushebeln der bestehenden kapitalistischen Grundordnung. Das hieße, dass sich die Massen durch Streik solange der eigenen Ausbeutung entzögen, bis das bestehende System kollabiere und durch ein basisdemokratischeres, welches dann auf einer umfassenderen Umsetzung freiheitlicher Rechte und Ideale basieren könnte, ersetzt würde.

Rosa Luxemburg wies ein Jahr später und im Zuge einer Reflexion über die Russische Revolution (1905) ebenfalls auf die Bedeutung des Massenstreiks als revolutionärer Methode hin und betonte, dass es sich dabei nicht um eine politische Aktion handeln dürfe, sondern um eine, die von allen solidarisch getragen werden müsse, um ein höheres Ziel und nicht den politischen Vorteil zu erreichen:

»Es ist klar aus der näheren Betrachtung der Massenstreiks in Rußland sowie aus den Verhältnissen in Deutschland selbst, daß irgendeine größere Massenaktion, wenn sie sich nicht bloß auf eine einmalige Demonstration beschränken, sondern zu einer wirklichen Kampfaktion werden soll, *unmöglich als ein sogenannter politischer Massenstreik gedacht werden kann.* Die Gewerkschaften würden an einer solchen Aktion [...] genauso beteiligt sein [...] Wird es in Deutschland aus irgendeinem Anlaß und in irgendeinem Zeitpunkt zu großen politischen Kämpfen, zu Massenstreiks kommen, so wird das zugleich eine Ära gewaltiger gewerkschaftlicher Kämp-

---

11 Daniel De Leon: Die Prinzipienerklärung der I.W.W. (1905). Online: https://www.marxists.org/deutsch/archiv/deleon/1905/07/iww.htm. [30.11.2020].

fe in Deutschland eröffnen, wobei die Ereignisse nicht im mindes-
ten danach fragen werden, *ob die Gewerkschaftsführer zu der Bewegung ihre Zustimmung gegeben haben oder nicht.* Stehen sie auf der
Seite oder suchen sich gar der Bewegung zu widersetzen, so wird
der Erfolg dieses Verhaltens nur der sein, daß die Gewerkschaftsführer, genau wie die Parteiführer im analogen Fall, von der Welle
der Ereignisse einfach auf die Seite geschoben und die ökonomischen wie die politischen Kämpfe der Masse ohne sie ausgekämpft
werden.«[12]

Es ist folglich nicht im Sinne der Massen und der Revolution, das
erstere sich führen lassen, sondern vielmehr, dass diese den revolutionären Prozess selbst bestimmen und vorantreiben. Ebenso wie
der Konsens der revolutionären Ziele demokratisch erreicht werden muss, ist es essentiell, dass sich die revolutionäre Bewegung
immer wieder basisdemokratisch absichert. Nur so kann eine Korrumpierung des Revolutionsprozesses durch eine radikale Minderheit verhindert werden.

Die Revolution muss also unentwegt eine Massenaktion bleiben.
Deshalb sind Aufklärung, Erkenntnis und Solidarisierung im Vor-
feld so wichtig, damit die revolutionäre Aktion dauerhaft ein von
der Masse sanktionierter Vorgang bleiben und damit die gemeinsam ersonnenen Ziele auch ebenso gemeinsam erreicht werden
können. Entscheidend ist dabei nach der erfolgreichen Veränderung durch Revolution gleichfalls die demokratische Konsolidierung des Erreichten durch die Massen, denn jeder revolutionäre
Prozess kann eo ipso nur das erreichen, was erstere bereit sind zu
akzeptieren und im Zuge eines demokratischen Transformationsprozesses zu sichern.

---

12 Rosa Luxemburg: Massenstreik, Partei und Gewerkschaften (1906). Online:
    https://www.marxists.org/deutsch/archiv/luxemburg/1906/mapage/kap8.
    htm. [30.11.2020]. Meine Hervorhebung.

Demokratische Konsolidierung

Die Sicherung dessen, was die Revolution erreichen soll, muss während des genannten Transformationsprozesses von einer Mehrheit demokratisch konsolidiert werden. Wie oben gezeigt wurde, ist es wichtig, den Wandel derart zu sichern, dass kein interner Machtkampf um die Deutungshoheit der Revolution (Phase 8) ausbrechen kann. Dafür bedarf es des Bewusstseins der Masse, dass die eigene Rolle während des gesamten revolutionären Prozesses und an diesem Punkt im Besonderen eine essentielle ist. An diesem bedarf es des Schutzes der Ideale der Revolution und einer Übereinkunft darüber, inwieweit die ursprünglich definierten Ziele mit den gesicherten Transformationen übereinstimmten. Es ist daher zwingend notwendig, eine basisdemokratische Entscheidung durchzuführen, die von einer Mehrheit der Menschen, die sich für die Revolution gegen ein bestehendes System, gegen bisher existierende Missstände erhoben hatten. Ohne diese könnte der revolutionäre Prozess von radikalen Kräften, die nicht den Willen der Mehrheit repräsentieren, vorangetrieben werden. In diesem Falle scheiterte die Revolution jedoch, denn die neue Ordnung basierte weder auf einem demokratischen Konsens noch ermöglichte sie den Menschen ein Leben in Freiheit und Gleichheit, da die entscheidende Minderheit gegen den Willen der Mehrheit entschiede bzw. herrschte und ihre eigene Stellung sowie den weiteren politischen Prozess nur mit Gewalt gegen den Widerstand der einstigen Weggefährt*innen sichern könnte.

Die Rolle der revolutionären Massen kann also auch mit Blick auf die Sicherung der Ideale, auf die sich zu Beginn der Revolutionsbewegung geeinigt wurde, nicht überschätzt werden. Sollte die Mehrheit der Menschen das Interesse an der Revolution verlieren, unter anderem dann, wenn der Kampf zwischen Revolutionär*innen auf der einen und dem alten Regime auf der anderen Seite zu lange dauerte, dann steigt die Gefahr, dass der revolutionäre Prozess nach und nach korrumpiert wird. Das kann ebenso damit zusammenhängen, dass eine provisorische Regierung nicht damit beginnt, Veränderungen umzusetzen über die bisher von Seiten der Masse ein gewisser Konsens geherrscht hatte. Sollten die Menschen den Eindruck haben, dass die ursprünglich »vereinbarten« Ziele nicht länger verfolgt werden, könnte das ebenso zu einer Radikalisierung der Revolution führen.

Daher ist es wichtig, dass der Wandel nach dem Ende der Auseinandersetzung zwischen revolutionären Kräften und den Repräsentantinnen und Repräsentanten der alten Ordnung ein basisdemokratischer Transformationsprozess einsetzt, etwa im Sinne der Räteidee der Februarrevolution 1917 oder der Deutschen Revolution 1918/19, so dass die Neuordnung der Gesellschaft und damit verbunden des politischen Systems friedlich, zugleich aber ebenfalls mehrheitskonform ablaufen kann. Nur dann werden die erzielten Veränderungen von Dauer sein und von einer Mehrheit der Menschen akzeptiert werden. Und nur dann werden die Massen dazu in der Lage sein, einer Radikalisierung des revolutionären Prozesses, der schließlich in einem erneuten System der Unfreiheit und -gleichheit enden könnte, zu verhindern.

Die Revolution muss also, um nicht nur erfolgreich zu sein, sondern die erzielten Veränderungen im Sinne von Freiheit und Gleichheit basisdemokratisch zu konsolidieren, vom ersten Moment an und in dessen Folge auch kontinuierlich bis zur Etablierung und Sicherung einer neuen und besseren Welt eine Massenbewegung bleiben. Wie bereits im Zuge des analytischen Modells ausgeführt, ist es wichtig, diese elementare Bedeutung der Massen für den Ablauf von Revolutionen zu verstehen. Unterstützt eine Mehrheit den Revolutionsprozess bevor dieser Phase 5, den Umkehrgrenzpunkt, erreicht, wird es wahrscheinlicher, dass ein Kompromiss gefunden wird, die Revolution sich also gar nicht erst entfaltet, sondern vielmehr durch Reformen einen Teil dessen erreicht, worauf sich die bewusste Masse revolutionärer Unterstützerinnen und Unterstützer geeinigt hatte. Nachdem, wie ebenfalls bereits angemerkt, Revolutionen selten so radikal beginnen wie sie enden, ist dieser Moment auch mit Blick auf die Zukunft der »Regierenden« entscheidend.

Für den Erfolg oder Misserfolg ist demnach wichtig, inwieweit

1. die Massen für die Ideale der Revolution gewonnen werden können,

2. die Massen sich am eigentlichen Revolutionsprozess beteiligen, und

3. die Massen am demokratischen Konsolidierungsprozess des revolutionären Wandels partizipieren.

Noch mehr als in der revolutionären Epoche, die Friedrich Engels selbst miterlebte, gilt daher, dass die Massen sich an einer Revolution beteiligen müssen, um deren Misserfolg zu vermeiden. Engels bemerkte zu dieser Problematik in seiner Einleitung zu Marxens »Klassenkämpfe in Frankreich 1848 bis 1850« gegen Ende des 19. Jahrhunderts das Folgende:

»Alle bisherigen Revolutionen liefen hinaus auf die Verdrängung einer bestimmten Klassenherrschaft durch eine andere; alle bisherigen herrschenden Klassen waren aber nur kleine Minoritäten gegenüber der beherrschten Volksmasse. Eine herrschende Minorität wurde so gestürzt, eine andere Minorität ergriff an ihrer Stelle das Staatsruder und modelte die Staatseinrichtungen nach ihren Interessen um. Es war dies jedesmal die durch den Stand der ökonomischen Entwicklung zur Herrschaft befähigte und berufene Minoritätsgruppe, und gerade deshalb und nur deshalb geschah es, daß die beherrschte Majorität sich bei der Umwälzung entweder zugunsten jener beteiligte oder sich doch die Umwälzung ruhig gefallen ließ. Aber wenn wir vom jedesmaligen konkreten Inhalt absehen, war die gemeinsame Form aller dieser Revolutionen die, daß sie Minoritätsrevolutionen waren. Selbst wenn die Majorität dazu mittat, geschah es – wissentlich oder nicht – nur im Dienst einer Minorität; diese aber erhielt dadurch, oder auch schon durch die passive widerstandslose Haltung der Majorität, den Anschein, als sei sie Vertreterin des ganzen Volkes. Nach dem ersten großen Erfolg spaltete sich in der Regel die siegreiche Minorität; die eine Hälfte war mit dem Erlangten zufrieden, die andere wollte noch weiter gehn, stellte neue Forderungen, die wenigstens teilweise auch im wirklichen oder scheinbaren Interesse der großen Volksmenge waren. Diese radikaleren Forderungen wurden auch in einzelnen Fällen durchgesetzt; häufig aber nur für den Augenblick, die gemäßigtere Partei erlangte wieder die Oberhand, das zuletzt Ge-

wonnene ging ganz oder teilweise wieder verloren; die Besiegten
schrieen dann über Verrat oder schoben die Niederlage auf den Zu-
fall. In Wirklichkeit aber lag die Sache meist so: Die Errungenschaften des ersten Sieges wurden erst sichergestellt durch den zweiten
Sieg der radikaleren Partei; war dies und damit das augenblicklich
Nötige erreicht, so verschwanden die Radikalen und ihre Erfolge
wieder vom Schauplatz.«[13]

Doch trotz der Warnungen, die Engels mit Blick auf revolutionäre Prozesse hier schon formulierte, sollten auch die Revolutionen
des 20. Jahrhunderts scheitern. Was heißt das schlussendlich aber
für unsere Zukunft, das 21. Jahrhundert? Welche Rolle sollen bzw.
müssen Revolutionsprozesse dahingehend spielen?

---

13 MEW, Bd. 22, S. 509-527, hier S. 513f. Online: www.mlwerke.de/me/me22/
me22_509.htm. [9.11.2020].

5. Epilog

Selbst wenn Revolutionen aus historischer Perspektive scheinbar nur wenig Hoffnung machen, so darf letztere nicht der Akzeptanz der aktuellen Zustände weichen. Die Welt steht am Abgrund und die Eliten tun zu wenig, um die akuten Probleme unserer Zeit zu lösen. Es bedarf daher einer Revolution, einer Revolution der Massen, die, wie oben ausgeführt dazu verpflichtet ist, eine bessere Welt für alle zu schaffen, die auf den Grundwerten von absoluter Freiheit und absoluter Gleichheit beruhen muss. Wenn wir die Hoffnung auf eine erfolgreiche Revolution aufgeben, dann verwirken wir das Recht auf eine lebenswertere Welt für alle Menschen auf diesem Planeten. Wir müssen den Kapitalismus, der nur durch Raubbau des Planeten und ebenso vieler Leben existiert, überwinden. Wir müssen einem demokratischen Sozialismus den Weg ebnen. Dieses Ziel zu erreichen wird die Aufgabe unserer Generation sein. Jetzt brauchen wir den Wandel, bevor die Zukunft nicht mehr verspricht als Leid und Untergang.

Wer frohen Mutes in die Zukunft blicken will, wer den Glauben an eine bessere Welt nicht aufgeben kann oder will, der muss folglich Teil einer globalen revolutionären Massenbewegung werden. Diese muss gleichzeitig auf demokratische Werte, vor allem aber auf die Akzeptanz von Freiheit und Gleichheit eingeschworen werden, damit die Veränderungen und das Erreichte im Falle des Erfolgs gesichert werden können. Viele Revolutionär*innen haben in der Vergangenheit ihresgleichen scheitern sehen, aber dennoch behielten viele von ihnen die Hoffnung, dass die Ideale der Revolution auch in der Zukunft gereichten, neues revolutionäres Potential zu entfachen.

Es ist nun an uns zu entscheiden, ob wir den Mut aufbringen, der Freiheit den Weg zu ebnen oder ob wir weiterhin akzeptieren wollen, Teil des Systems zu bleiben. Kann man in einer Krise wie der aktuellen aber wirklich daran glauben, dass sich die kapitalistische Ordnung selbst reformieren wird? Dass diejenigen, die von der Ausbeutung profitieren, sich dem Klimaschutz verschreiben? Oder dass freiheitliche Werte ohne Widerstand von den Mächtigen der Welt akzeptiert werden? Jede Revolution trifft in einer ihrer Phasen auf die Konterrevolution, deren Vertreter*innen Angst vor dem haben, was die revolutionäre Bewegung erstrebt: dem Ende der bestehenden Ordnung. Sicherlich wird auch die Revolution des 21. Jahrhunderts keine »schöne Revolution« für alle sein können. Wir sollten dessen ungeachtet aber auf die Massen und deren demokratischen Grundkonsens vertrauen, so dass die neue Welt eine für alle Menschen werden kann.

Erhalten wir uns also die Hoffnung, dass der revolutionäre Wandel des 21. Jahrhunderts erreicht werden kann. Die Revolution vor einer Korrumpierung und dem Verlust ihrer Ideale, bei gleichzeitigem Abgleiten in Gewalt und Exzess, zu bewahren, wird Aufgabe all derjenigen sein, die sich mit einer Zukunft identifizieren und solidarisieren wollen, in der Freiheit und Gleichheit mehr bedeuten werden als Herrschaft und Profit. Der Weg zu einer gerechteren Welt führt über die Revolution. Doch wer diesen Weg einzuschlagen gedenkt, der möge sich aller Gefahren, die auf diesem zu bewältigen sein werden, bewusst sein.

Dessen ungeachtet sollten wir uns davon nicht entmutigen lassen. Die Revolution ist möglich, sie wartet nur darauf, dass ihr Feuer von einer neuen Generation zum Wohle aller entfacht und vorangetragen wird. Ohne diese Hoffnung gibt es keine Zukunft, denn ohne Revolution, gibt es keine Freiheit. Lasst uns also mutig sein und uns erheben, denn die Revolution braucht jeden Einzelnen, um als Massenrevolution des 21. Jahrhunderts eine bessere Welt zu erschaffen.

6. Literaturverzeichnis

Anderson, Benedict: Imagined Communities: Reflections on the Origin and Spread of Nationalism, London 1983.

Arendt, Hannah: Die Freiheit, frei zu sein, 3. Auflage, München 2018

Arendt, Hannah: On Revolution, London 1990 [1963].

Baker, Keith Michael/Edelstein, Dan: Introduction, in: dies. (Hg.): Scripting Revolution. A Historical Approach to the Comparative Study of Revolutions, Stanford, CA 2015), S. 1-22.

Bernstein, Eduard: Die Voraussetzungen des Sozialismus und die Aufgaben der Sozialdemokratie, Stuttgart 1899.

De Leon, Daniel: Die Prinzipienerklärung der I.W.W. (1905). Online: https://www.marxists.org/deutsch/archiv/deleon/1905/07/iww.htm. [30.11.2020].

Engels, Friedrich: The Internal Crises, in: Rheinische Zeitung, Nr. 343 and 344, 9. und 10. Dezember 1842. Online: https://marxists.catbull.com/archive/marx/works/1842/12/09.htm. [29.7.2020].

Foran, John: Introduction, in: ders. (Hg.): Theorizing Revolutions, London/New York 1997, S. 1-7.

Goldstone, Jack A. (Hg.): Revolutions. Theoretical, Comparative, and Historical Studies, San Diego 1986.

Hill, Evan et al.: How George Floyd Was Killed in Police Custody, in: New York Times, 31. Mai 2020. Online: https://www.nytimes.com/2020/05/31/us/george-floyd-investigation.html [30.11.2020].

Jacob, Frank: 1917. Die korrumpierte Revolution, Marburg 2020.

Jacob, Frank: Der Kultursozialismus Kurt Eisners (1867-1919). Das »Arbeiter-Feuilleton« und die Aufklärung der deutschen Arbeiterschaft, in: Arbeit-Bewegung-Geschichte 18, Nr. 1 (2019), S. 9-25.

Jacob, Frank: Emma Goldman and the Russian Revolution. From Admiration to Frustration, Berlin/Boston 2020.

Jacob, Frank: Friedrich Engels and Revolution Theory. The Legacy of a Revolutionary Life, in: Frank Jacob (Hg.): Engels @ 200. Reading Friedrich Engels in the 21st Century, Marburg 2020, S. 49-90.

Jacob, Frank: Lokale Perspektiven auf den Beginn der Weimarer Republik. Revolution und Rätezeit 1918/1919 in Unterfranken, in: Zeitschrift für Geschichtswissenschaft 67, Nr. 10 (2019): 831-844, hier S. 831.

Jacob, Frank: Revolution und Weltgeschichte, in: Frank Jacob/Riccardo Altieri (Hg.): Revolution. Beiträge zu einem historischen Phänomen der globalen Moderne, Berlin 2019, S. 11-40.

Jacob, Frank: Rosa Luxemburg. Living and Thinking the Revolution, Marburg 2021.

Jacob, Frank: The COVID-19 Pandemic, Labor Exploitation in Germany, and the Reshaping of Marx's Class Struggle, DOI: 10.13140/RG.2.2.33160.03848.

Koenen, Jens/Murphy, Martin: Lufthansa verschärft Sparkurs: Abschied vom Riesenflieger A380, in: Handelsblatt, 21. September 2020. Online: https://www.handelsblatt.com/unternehmen/handel-konsumgueter/luftfahrt-lufthansa-verschaerft-sparkurs-abschied-vom-riesenflieger-a380/26198956.html?ticket=ST-4075634-LrrZcezCNeGf1T40a23I-ap6. [30.11.2020].

Kossok, Manfred: Requiem auf die schöne Revolution, in: Manfred Kossok, Sozialismus an der Peripherie. Späte Schriften, hg. v. Jörn Schütrumpf, Berlin 2016, S. 23-28

Kossok, Manfred/Walter Markov: Zur Methodologie der vergleichenden Revolutionsgeschichte der Neuzeit, in: Manfred Kossok (Hg.): Studien zur Vergleichenden Revolutionsgeschichte 1500-1917, Berlin 1974, S. 1-28.

Krug, Anne-Kathrin/Graf, Jakob: Zur Aktualität der Organisationstheorie von Luxemburg und Gramsci. Zwischen emanzipatorischer Theoriebildung und ahistorischer Bezugnahme, in: PROKLA 171 (2013): S. 239-259.

Le Bon, Gustave: Die Psychologie der Massen, Düsseldorf 2016.

Le Bon, Gustave: The Crowd. A Study of the Popular Mind (Kitchener: Batoche Books, 2001), https://socserv2.socsci.mcmaster.ca/ēcon/ugcm/3ll3/lebon/Crowds.pdf [2.9.2016].

Luxemburg, Rosa: Die Akkumulation des Kapitals: Ein Beitrag zur ökonomischen Erklärung des Imperialismus, Berlin 1913.

Luxemburg, Rosa: Die Russische Revolution. Eine kritische Würdigung, hg. und eingeleitet v. Paul Levi, Berlin 1922.

Luxemburg, Rosa: Massenstreik, Partei und Gewerkschaften (1906). Online: https://www.marxists.org/deutsch/archiv/luxemburg/1906/mapage/kap8.htm. [30.11.2020].

Luxemburg, Rosa: Reform oder Revolution, in: Leipziger Volkszeitung, Nr. 219-225, 21.-28. September 1898, und Nr. 76-80, 4.-8. April 1899.

Marx, Karl/Engels, Friedrich: Manifest der Kommunistischen Partei (1848), in: MEW, Bd. 4, S. 459-493.

Marx, Karl/Engels, Friedrich: Werke, Berlin 1956-

Neupert, Alexander: Parteilichkeit und Aufklärung. Zur Kritik der Mosaik-Linken, in: PROKLA 171, Nr. 2 (2013), S. 261-276.

Orwell, George: 1984, London 1949.

Roy Choudhury, Saheli: ›Vulnerable‹ Garment Workers in Bangladesh Bear the Brunt of the Coronavirus Pandemic, in: CNBC, 18. Oktober 2020. Online: https://www.cnbc.com/2020/10/19/coronavirus-worsened-the-reality-for-bangladesh-garment-workers.html [30.11.2020].

Schwarz, Susanne: Lufthansa-Rettung ohne Klimaschutz, in: klimareporter, 25. Mai 2020. Online, https://www.klimareporter.de/verkehr/lufthansa-rettung-ohne-klimaschutz. [30.11.2020].

Skocpol, Theda: States and Social Revolutions. A Comparative Analysis of France, Russia, and China, Cambridge 1979.

Geschichtswissenschaft

Sebastian Haumann, Martin Knoll, Detlev Mares (eds.)
Concepts of Urban-Environmental History

2020, 294 p., pb., ill.
29,99 € (DE), 978-3-8376-4375-6
E-Book:
PDF: 26,99 € (DE), ISBN 978-3-8394-4375-0

Gertrude Cepl-Kaufmann
1919 – Zeit der Utopien
Zur Topographie eines deutschen Jahrhundertjahres

2018, 382 S., Hardcover,
39 SW-Abbildungen, 35 Farbabbildungen
39,99 € (DE), 978-3-8376-4654-2
E-Book:
PDF: 39,99 € (DE), ISBN 978-3-8394-4654-6

Sebastian Barsch, Jörg van Norden (Hg.)
Historisches Lernen und Materielle Kultur
Von Dingen und Objekten in der Geschichtsdidaktik

2020, 284 S., kart., 22 SW-Abbildungen, 13 Farbabbildungen
35,00 € (DE), 978-3-8376-5066-2
E-Book: kostenlos erhältlich als Open-Access-Publikation
PDF: ISBN 978-3-8394-5066-6

**Leseproben, weitere Informationen und Bestellmöglichkeiten
finden Sie unter www.transcript-verlag.de**

Geschichtswissenschaft

Wiebke Reinert
Applaus der Robbe
Arbeit und Vergnügen im Zoo, 1850-1970

2020, 414 S., kart., 10 Farbabbildungen, 55 SW-Abbildungen
45,00 € (DE), 978-3-8376-5106-5
E-Book:
PDF: 44,99 € (DE), ISBN 978-3-8394-5106-9

Frank Becker, Darius Harwardt, Michael Wala (Hg.)
Die Verortung der Bundesrepublik
Ideen und Symbole politischer Geographie nach 1945

2020, 278 S., kart., 17 Farbabbildungen, 18 SW-Abbildungen
35,00 € (DE), 978-3-8376-5003-7
E-Book:
PDF: 34,99 € (DE), ISBN 978-3-8394-5003-1

Verein für kritische Geschichtsschreibung e.V. (Hg.)
WerkstattGeschichte
Differenzen einschreiben

2020, 178 S., kart., 26 SW-Abbildungen
21,99 € (DE), 978-3-8376-5299-4